국어의 명사 문법 I

국어의 명사 문법 I

국어의 명사 문법 Ⅰ

김 인 균

도서출판 역락

머리말

　이 책은 저자가 2002학년도 2학기 서강대학교 국어국문학과에 제출했던 박사학위논문 〈국어의 명사 연결 구성 연구〉를 그 전후로 발표했던 논문들을 참조하여 수정·보완한 것이다. 저자는 10년 가까이 국어학 연구에 몸담으면서 매우 상식적이라 할 수도 있지만, 전체 문법 모델을 구성하기 위해서는 사전(어휘부), 형태부, 통사부의 단위를 종합적으로 기술하여야 한다는 고집 아닌 고집을 갖게 되었다. 또한 작금의 문법론이 동사 중심의 기술·설명에 치중되어 있다고 판단, 명사에 집중하여 먼저 그 의미 특성을 밝히고 상보적인 대립을 통해 체계적으로 명사를 의미 분류하여 유형화해 보고자 하였다. 그리고 그 결합 형태인 명사구와 합성명사의 구조와 의미를 종합적으로 고찰해 보려고 나름대로 노력해 왔다.

　이에 저자는 다음과 같은 결론을 얻게 되었다. 우선 공시적 어형성 연구의 본령은 가능어, 잠재어의 형성 원리를 찾는 데에 있으며, 문법 단위로 형태·통사 단위인 '語辭(X^0)', 형태 단위인 '接辭(X^{-1})' 그리고 통사 단위인 '語辭(小)句(X^1/X^2)'를 설정할 수 있다. 이때 어사 범주는 형태·통사 단위로 사전(어휘부)·형태부의 최대 단위이며 통사부의 최소 단위로서 형태 단위이면서 통사 단위인 이중적인 성격을 가지고 있다. 이로써 기존에 설정한 어근, 어간, 단어형성 전용 요소 등의 문법 단위는 형태·통사 단위인 어사 범주의 서로 다른 모습임을 알 수 있었다.

　둘째, 명사는 우선 그 어휘 내항이 명사의 내적 정보 체계와 외적 정보 체계를 포괄하는 총체적인 어휘 정보 체계로서, 내적 정보인 명사의 의미 특성은 그 지시대상(사물)의 내포적인 의미 곧 그 사물이 지니고 있는 속성을 통칭적으로 지시하는 것이며, 외적 정보인 명사의 의미 분류는 [실체성], [인간성], [추상적 실체성], [동작성], [시·공간과의 관련성]에 의해 '사람, 사물, 사건, 상태, 추상물, 위치' 명사로 유형화된다. 이러한 두 정보 체계는 명사의 연결 구성인 명사구와 합성명사의 구성 성분 사이에 나타나는 의미 관계를 파악하는 데 있어서 중요한 의미론적 역할을 한다.

셋째, 명사구에 집중하여 그 내부 구조와 구성 성분 간에 나타나는 가능한 의미 관계를 살펴보면 그 명사구의 구조와 의미 관계가 관형격 조사 '의'의 실현 여부에 따라 결정된다고 할 수 있다. 명사구는 관형격 구성과 동격 구성으로 나누어지는데, 특히 관형격 구성에서는 하나의 명사구 성분이 '의'의 실현 여부에 따라 지정어와 보충어라는 분명히 다른 구조적 지위를 가진다. 즉 선·후행 성분이 〈대상〉, 〈유형, 대상〉의 의미 관계를 가진 경우 선행 성분은 '의'가 실현되지 않은 상태에서 보충어 위치에 나타나고, 〈행위자〉, 〈수동자〉, 〈소유〉, 〈처소〉, 〈시간〉, 〈기원〉, 〈도달점〉의 의미 관계를 가진 경우 선행 성분은 '의'가 실현된 상태에서 지정어에 나타난다.

넷째, 앞에서 고찰한 국어 명사의 특성과 의미 분류 및 명사구의 구조, 그 구성 성분 간의 의미 관계를 기반으로 하여 합성명사의 구조와 구성 성분 간의 가능한 의미 관계를 설정하고, 사이시옷이 개재된 합성명사를 포함한 합성명사의 구성 성분의 의미 관계가 명사구의 구성 성분의 의미 관계와 동일한 모습을 띠는 경우와 합성명사 고유의 의미 관계가 있음을 밝혔다. 또한 이러한 의미 관계를 기초로 삼아 [N-V-이/음/기/개] 명사 구성을 합성명사로 보아 통합적으로 논의하였다. 합성명사는 사이시옷이 개재되는 합성명사와 개재되지 않은 합성명사로 나뉘어진다. 사이시옷이 개재되지 않는 합성명사는 선·후행 명사가 〈형상〉, 〈재료〉, 〈수단, 방법〉, 〈유형, 대상〉의 의미 관계를 나타내는 경우이고, 사이시옷이 개재되는 합성명사는 그 의미 관계가 〈시간〉, 〈처소〉, 〈기원, 소유〉, 〈용도〉를 나타내는 경우이다. 한편 [N-V-이/음/기/개] 명사는, 후행 성분 [V-이/음/기/개]가 실재 명사나 잠재 명사로서 형태적 동일성과 유기적 관련성을 가지고, 사이시옷이 개재할 수 없는 합성명사의 의미 관계인 〈유형, 대상〉과 〈수단, 방법〉의 의미 관계를 보이며, 그 명사류가 실체성과 비실체성의 다양한 명사 의미를 가지고 쓰이므로 [N-[V-이/음/기/개]] 구조, 곧 합성명사로 볼 수 있다.

저자가 책의 제목을 '국어의 명사 문법 I'이라고 한 것은 국어의 명사에 대한 문법적 연구를 지속하겠다는 저자의 생각을 공개적으로 밝히기 위해서이다. 앞에서 언급한 바와 같이 지금까지 저자가 관심을 쏟은 것은 명사 그 자체와 그 연결 구성인 합성명사나 (관형) 명사구였다. 이에 다음에는 명사와 관련하여 복합명사(합성명사와 파생명사)와 동격 명사구 및 격조사와 보조사, 분류사 구성 등 더 넓은 영역으로 관심의 폭을 넓히고자 한다.

고등학교 때 저자는 '국어' 과목에 많은 흥미를 가지고 있었고 대입 모의고사에서도 '국어' 점수만은 거의 만점에 가까웠다고 기억한다. 그래서인지 학교보다는 과를 먼저 선택하게 되었다. 대학 면접 때 국어국문학과를 선택한 이유에 대해 저자는 당돌하게 "향가, 고려가요 같은 고전문학을 공부하고 싶어서"라는 말을 했다. 지금도 그때의 의욕이 다른 분야이지만 국어 문법론을 전공하는 학자로서 여전히 남아 있다고 자위해 본다.

이 책이 나오기까지 많은 분들의 보살핌과 가르침이 있었다. 국어학 특히 생성 문법이란 학문을 처음 접하게 해 주시고 가르침을 아끼지 않으셨던 서정목 선생님, 학부 때부터 대학원에 이르기까지 자료의 중요성을 누누이 강조하시면서 채찍과 사랑을 한꺼번에 주신 이승욱 선생님, 친히 모범적인 학자의 길을 걸으시며 귀감이 되어 주신 정연찬 선생님께 먼저 깊은 감사의 말씀을 올린다. 이 책과 관련하여 감사의 마음을 전할 분들이 있다. 우선 한동완 선생님과 곽충구 선생님께서는 부족한 저자의 논문 체계에 대해 단호하게 잘못과 미비점을 지적해 주셨으며 깊이 있는 논의를 통해 바르게 잡아 고칠 수 있도록 도와주셨다. 이재인 선생님과 시정곤 선생님, 구본관 선생님께서는 논문을 꼼꼼히 읽으시면서 한편으로는 날카로운 질문을 많이 던져 주셨고 다른 한편으로는 친절하게 격려도 해

주셨다. 이분들을 심사위원으로 모실 수 있게 된 것은 저자로서 크나큰 행운이다. 이렇게 여러 선생님의 가르침에도 불구하고 이 책의 얼개가 성기고 거친 것은 모두 일천한 저자의 책임이다.

매일 지친 몸을 이끌고 현관을 오가는 저자에게 삶의 보람과 행복을 안겨 주는 동건·동빈·동윤 세 아들과, 넉넉지 않은 살림과 힘든 육아를 떠안아 심신이 지쳐 있으면서도 미소를 잊지 않는 아내 우미아에게는 아버지와 남편으로서 크나큰 마음의 빚을 지고 있다. 그리고 항상 장남이 선택한 길을 믿고 묵묵히 지켜 바라보시는 대전 아버지와 어머니, 곁에서 변함없이 음으로 양으로 가르침과 사랑을 주시는 장인어른과 장모님께 이 책이 베풀어 주신 은혜에 조금이나마 보답이 되었으면 하는 마음 간절하다.

마지막으로 2년 전에 흔쾌히 출판에 응해 주시고 저자의 게으름으로 출판이 늦어지는데도 조용히 기다려 주신 도서출판 역락 이대현 사장님과 편집·교정에 애써 주신 관계자 여러분께 진심으로 고마움을 전한다.

2005년 10월
김인균 씀.

차 례

제 1 장　서　론

1.1 연구 목적 및 대상

이 책은 사전의 구성 단위를 설정하고, 사전의 구성 단위로서의 명사와 그 결합 형태인 명사구와 합성명사를 종합적으로 고찰하는 데 그 목적을 둔다.[1]

인간은 사전(辭典, Lexicon)[2]에 있는 언어 형태를 선택하여 발화하거나 사고한다. 즉 문법 원리에 맞게 사전에 등재되어 있는 단위들을 서로 조합하여 의사소통을 하거나 사고 행위를 진행한다. 그런데 언어 단위를 형태 단위와 통사 단위 또는 형태·통사 단위로 나눈다고 할 때, 일반적으로 사전과 형태부(Morphology＝Morphological Component)는 형태 단위와

---

1) '합성'은 'compound'를 의미하는 것으로 '복합'(complex)에 함의되는 개념이다.

2) 김광해(1993: 39)에서는 어휘(語彙)라는 술어에는 '集合, 群集, 무리'의 의미가 내재되어 있다고 하였다. 즉 어휘는 집합 개념으로 일반적으로 '단어들의 무리'를 가리킨다고 할 수 있다. 그렇다면 우리가 '辭典'이라고 지칭한 'Lexicon'은 '어휘부'라고 하여도 무방하다. 그러나 그 구성 단위들의 용어를 통일하기 위해서나 '辭'의 개념에 집중하여 '辭典'이라고 부르고자 한다. 이와 함께 'Lexeme'을 '語辭', 'Affix'를 '接辭', 'Idiom'을 '語辭(小)句'라고 번역하여 사용하기로 한다. 이는 서강대 정요일 교수님과 한문학 전공자들의 도움이 컸다. 그러나 논의를 진행하는 데 있어서 큰 혼동이 없는 한 사전과 어휘부를 함께 쓰기도 하고, 어사와 어휘·단어·어기를, 어사(소)구와 관용어·관용 표현을 함께 쓰기도 한다.

형태·통사 단위로 구성되어 있고 통사부(Syntax=Syntactic Component)는 형태·통사 단위와 통사 단위로 구성되어 있으며, 사전의 최대 단위인 형태·통사 단위는 곧 통사부의 최소 단위가 됨을 전제로 하여 언어를 이해하는 것이 언어 연구에 있어 가장 본질이다(박진호(1994)). 기존의 형태론 연구와 통사론 연구는 이러한 대전제를 암묵적으로 인정하면서도 명시적으로 나타내지 않은 것이 사실이고, 특히 형태론 연구에서는 사전, 형태부와 통사부에서의 단위 설정 문제나 그 단위들의 층위와 범주 문제에 대한 고민이 부족했다 하겠다. 이는 곧 통사론과의 연계 위에서 형태론을 논의하는 것이 전체 문법 모델을 보다 세련되게 구성할 수 있으리란 필자의 믿음에서 보면 큰 문제가 아닐 수 없다.

그런데 사전의 구성 단위 중 형태·통사 단위는 형태 단위로서의 특징과 통사 단위로서의 특징을 모두 가지고 있어 그 본질에 다가가기가 쉽지 않다. 그래서 이를 형태 단위에 더 집중하여 새로운 개념을 설정하려는 논의들이 있어 왔으나 통사 단위와의 동질성과 이질성을 제대로 포착하여 논의하려는 노력이 부족한 감이 없지 않다. 이에 우리는 사전 단위의 하나인 명사와 그 명사가 연결하여 이룬 구성에 집중하여 형태·통사 단위인 단일 명사와 합성명사, 통사 단위인 명사구에 대해 종합적으로 이해·고찰하고자 한다.3)

사실 명사와 명사, 명사와 명사구, 그리고 명사구와 명사구가 결합하여 연결된 합성명사와 명사구는 구분해 내기가 쉽지 않아 여러 기준을 내세우기도 하는데, 이는 애초부터 형태부에서 만들어진 합성명사가 있을 뿐만 아니라 명사구가 어떠한 변화를 겪어 합성명사로 기능하는 경우가 있기 때문이다. 그러므로 명사구와 합성명사의 구조와 의미를 다루는 데

---

3) 우리는 관형격 조사 '의'와 사이시옷의 개재 여부에 상관없이 명사와 명사, 명사와 명사구, 그리고 명사구와 명사구가 결합하여 형성되는 합성명사와 명사구를 포괄하여 '명사 연결 구성(Noun sequential constructions)'이라 명명하고 논의하기로 한다.

있어서 필연적으로 대두되는 관형격 조사 '의'의 실현 유무와 사이시옷의 개재 여부에 민감하지 않을 수 없다. 이에 우리는 명사구와 합성명사의 선·후행 구성 성분의 의미 관계에 따라 '의', 사이시옷이 나타나기도 하고 나타나지 않기도 한다는 것을 포착하여 접근하려 한다.

한편 우리는 새로운 세계나 대상 또는 개념을 접하게 되면 새로운 어휘가 필요하게 되고 그에 따라 새로운 어휘를 만들어 쓰게 되는데, 그 방법은 다양하다. 우선 기존에 있는 어휘에 다의성을 부여하거나 은유, 제유, 환유, 직유 등의 비유를 통하여 의미를 확장하는 방법이 있다. 이는 기존 어휘에 대한 인간의 새로운 해석 방법으로 그 범위를 한정하거나 규칙성을 찾기란 매우 어렵다. 또 다른 방법은 이미 있는 어휘들을 이용하여 그 어휘들을 결합하는 것인데 가장 일반적이면서도 가장 쉬운 방법이다. 이 외에도 통사론적 단위인 구나 절을 이용하거나 지금까지 존재하지 않던 새말을 만들거나 그 대상이나 개념과 함께 들어온 외국어를 차용하는 방법이 있다. 결국 이러한 다양한 어휘 형성 방법 중 두 번째 방법이 형태론 특히 조어론 연구의 일반적인 고찰 대상이 된다.

그런데 어형성 과정은 의미하고자 하는 대상이나 개념에 대해 가장 적은 노력으로 가장 많은 양의 정보를 전달할 수 있는 어휘 형태를 선택하는 과정이라 할 수 있다. 합성명사의 경우, '유리상자'는 '유리로 만든 상자', '옷장'은 '옷을 넣어 보관하는 장', '물통'은 '물을 담아 두는 통', '집개미'는 '집에 사는 개미', '집돼지'는 '집에서 기르는 돼지', '섬사람'은 '섬에 사는 사람', '밤고구마'는 '밤처럼 달콤한 고구마', '눈깔사탕'은 '눈깔처럼 둥글둥글하게 생긴 사탕', '게걸음'은 '게처럼 옆으로 걷는 걸음' 등과 같이 그 대상을 의미하는 각각의 합성명사들은 유의미한 술어를 생략한 형태로, 두 구성 성분의 의미 관계를 통하여 그 의미를 도출한다고 할 수 있다.[4]

즉 합성명사의 선·후행 명사는 각각의 어휘 의미에 따른 의미 구조를 가지고 있으며, 이들이 결합할 때는 일정한 의미 관계를 형성하여 세계의 대상이나 개념을 지시한다.

1.2 논의의 구성

이 책은 다음과 같이 구성되어 있다.

2장은 어형성 원리를 밝힌다는 것이 본질적으로 실재어뿐만 아니라 가능어, 잠재어에도 집중하여 논의하는 연구라는 기본적인 전제와 입장을 가지고 논의를 시작한다. 우선 사전의 구성 단위로 형태·통사 단위인 '어사(X^0)', 형태 단위인 '접사(X^{-1})' 그리고 통사 단위인 '어사(소)구(X^1/X^2)'를 설정하고 기존의 논의에서 주장되어 온 사전 단위와의 차이를 고찰한다. 그리고 형태소 및 단어의 핵심 요소로 인정되어 온 어근, 어간과 기존의 논의에서 설정한 잠재어, 가능어, 단어형성 전용 요소 등의 개념을 어사 범주라는 사전의 구성 단위로 포괄하여 이해하고자 한다. 또한 공시적이든 통시적이든 사전 구성 단위 간에 보이는 통사 범주의 층위 변화를 포착하여 간략히 설명한다. 마지막으로 작금에 활발히 논의되는 어형성 기제로서의 규칙과 유추를 살펴본다.

3장에서는 사전 단위 중 명사 어사에 집중하여 우선 명사의 어휘 내항

---

4) 이는 사전에 관용구로 등재되어 있는 '고사리 같은 손'의 의미로 국립국어연구원의 '2001 신어'에 합성명사로 '고사리손'이 있는 것을 보아도 그렇다. 한편 '엿장수'(엿을 파는 사람), '버스운전수'(버스를 운전하는 사람), '신문팔이'(신문을 파는 사람) 등은 위의 예들과 달리 술어가 형태에 드러난 경우라 할 수 있어 그 의미를 예측·파악하기가 위의 예들보다 쉽다. 그러나 이들도 구조상 합성명사로 볼 수 있고 그 의미도 다른 합성명사와 같이 통합적으로 이해할 수 있다. 자세한 논의는 4장에서 이루어진다.

이 명사의 내적 정보 체계와 외적 정보 체계를 포괄하는 총체적인 어휘 정보 체계라는 전제하에 국어 명사의 의미 특성을 밝히고, 상보적 대립을 통해 체계적으로 국어 명사를 의미 분류하여 유형화해 본다. 그리고 이 두 체계가 뒤에서 다룰 명사 연결 구성인 명사구와 합성명사의 구성 성분 사이에 나타나는 의미 관계를 파악하는 데 있어서 중요한 의미론적 역할을 한다고 가정한다. 또한 명사구의 내부 구조를 살펴 그 구성 성분 간에 나타나는 가능한 의미 관계를 설정하고, 그 명사구의 구조와 의미 관계가 관형격 조사 '의'의 실현 여부에 따라 결정됨을 주장한다. 즉 명사구 연결 구성 중 그 구성 성분이 명사나 명사구로 이루어진 관형격 구성과 동격 구성인 관형 구성을 주된 논의의 대상으로 삼아, 우선 그 관형격 구성과 동격 구성의 구조를 상정하고 관형격 구성의 경우 '의'의 실현 여부에 따라 구조를 다르게 설정할 수 있음을 보이며, 다음으로 그 구조를 통해 구성 성분 간의 의미 관계를 파악할 수 있음을 보인다.

4장에서는 3장에서 고찰한 국어 명사의 특성과 의미 분류 및 명사구의 구조, 그 구성 성분 간의 의미 관계를 기반으로 하여 합성명사의 구조와 구성 성분 간의 가능한 의미 관계를 설정하고, 사이시옷이 개재된 합성명 사를 포함한 합성명사의 구성 성분의 의미 관계가 명사구의 구성 성분의 의미 관계와 동일한 모습을 띠는 경우와 합성명사 고유의 의미 관계가 있음을 밝히고자 한다. 또한 이러한 의미 관계를 기초로 삼아 [N−V−이/음/기/개] 명사 구성을 합성명사로 보아 통합적으로 논의할 수 있는 방안을 모색한다.

5장은 논문을 요약·정리하고 남은 문제를 제시하여 후고의 발판으로 삼는다.

제 2 장　사전과 형태부

2.1 도입

　우리는 앞에서 통사부의 최소 단위가 사전과 형태부의 최대 단위임을 전제해야만 통사론과의 연계가 매끄럽고 그 전제하에서 형태론을 논의하는 것이 전체 문법 모델을 세련되게 구성할 수 있다고 하였다. 그렇다면 형태론 연구 특히 공시적 어형성 연구의 본령은 무엇인가? 이미 존재하는, 더 좁혀 말하면 사전(Dictionary)에 등재되어 있는 어휘를 대상으로 그 범위를 한정하여 논의하는 것이 어형성 연구가 추구해야 할 것인가? 그렇지 않다. 실재어(actual word)와 가능어(possible word) 또는 잠재어(potential word)를 명확히 구분한다는 것은 불가능하며 실재어 연구는 결국 통시적 연구, 분석적 연구일 수밖에 없어 인간의 생산적인 공시적 어형성 능력을 협소하게 파악하는 것이 된다. 이러한 폐쇄적인 접근 방법으로는 인간의 언어 직관을 적절하게 포착할 수 없다. 결국 공시적 어형성 연구는 가능어, 잠재어의 형성 원리를 찾는 데에 있으며 실재어 가능 여부, 곧 사전(Lexicon이든 Dictionary이든)에 등재되느냐 마느냐는 것은 언어 외적인 문제로 언어학적 측면에서는 중요하지 않다.[5] 새로운 어휘가 어떤

---

5) Di Sciullo & Williams(1987: 18)에서는 실재/잠재에 대한 직관은 양분할 수 있는 것

한 새로운 대상이나 개념에 의해 필연적으로 요구된다고 할 때, 그 어휘의 형성 원리를 밝힌다는 것은 본질적으로 실재어뿐만 아니라 가능어, 잠재어에도 집중하여 논의하는 연구라 할 수 있다. 왜냐하면 가능어, 잠재어도 실재어와 마찬가지로 제약된 인간의 어휘 형성 질서를 따를 것이기 때문이다.

이 장은 이러한 기본적인 전제와 입장하에 우선 사전의 구성 단위를 설정하여 기존의 논의에서 주장되어 온 사전 단위와의 차이를 고찰하고, 단어의 핵심 요소로 인정되어 온 어근, 어간과 기존의 논의에서 설정한 잠재어, 가능어, 단어형성 전용 요소 등의 개념을 포괄하여 설명할 수 있는 방법을 모색한다. 또한 공시적이든 통시적이든 사전 구성 단위 간에 보이는 통사 범주의 층위 변화를 포착하여 설명해 보고, 마지막으로 작금에 활발히 논의되는 어형성 기제로서의 규칙과 유추를 살펴보면서 어형성 규칙의 입장을 견지한다.

2.2 사전의 구성 단위[6]

2.2.1 기본적 가정

우리는 辭典(Lexicon)의 구성 단위로 형태·통사 단위인 '어사(語辭,

______

이 아니라 정도의 차이를 갖는 것이라고 하였고, 전상범(1995: 656)에서는 Carstairs & McCarthy(1993: 30-31))을 인용하여 등재성이란 심리적인 개념이며 문법적인 개념이 아니라고 하였다.

6) 구성 단위는 등재 단위라고 달리 불러도 상관없지만, 등재 단위는 기억이라는 심리적 차원에서 규정하는 개념으로(채현식(2000: 27)) 실재어와 잠재어(가능어) 중 실재어만을 등재 단위로 삼아야 한다는 것을 내포하고 있다. 사전에의 등재 여부가 아닌, 사전 단위로서의 기능 가능성 여부를 염두에 두는 우리는 구성 단위라는 용어를 쓰기로 한다.

Lexeme, X⁰)', 형태 단위인 '접사(接辭, Affix, X⁻¹)' 그리고 통사 단위인 '어사(소)구(語辭(小)句, Idiom, X¹/X²)'를 설정한다. 사전은 결국 이러한 각 단위들의 정렬된 총합이다.[7]

語辭(X⁰)는 사전, 형태부의 최대 단위이자 통사부의 최소 단위인 형태·통사 단위이다. 즉 어사는 통사부의 종단 절점(terminal node)의 삽입 요소로서 다음과 같은 통사 범주 자질을 가지며,[8] 기저의 음운 형태인 음운론적 정보와 하위 범주화·논항 구조·통사 범주와 관련된 형태론적·통사론적 정보, 그리고 의미 자질과 관련된 의미론적 정보 또는 화용

---

7) 여기에서 '정렬된 총합'이란 채현식(2000), 송원용(2001)의 복합적인 단위 배열, 어휘들 사이의 연결 조직을 염두에 둔 것이다. 구체적으로 어떻게 이 단위들이 배열되어 있는지는 우리의 관심사가 아니다.

8) 서정목 외 역(1990)에서는 Chomsky(1970) 이후 영어의 범주 목록을 i)처럼 제시하였으며,(p.176) 네 개의 주요 범주를 ii)와 같이 명사성[±N]과 동사성[±V]의 통사 자질 복합체로 분석할 수 있었다고 하였다.(p.192)

i) N = 명사
  V = 동사
  P = 전치사
  A = 형용사
  ADV = 부사
  D = 한정사
  M = 양상

ii) 동사 = [+V, −N]
   명사 = [−V, +N]
   형용사 = [+V, +N]
   전치사 = [−V, −N]

이는 영어 특유의 범주 자질 분석으로 국어에서는 적용할 수 없다. 우선 영어의 형용사는 국어와 달리 서술성보다는 수식성이 그 특징이고, 서술적인 용법은 'BE' 동사와 함께 쓰거나 명사 뒤에서 보어로 기능할 때만 가능하다. 전치사는 국어에는 없는 범주로 논의할 가치가 없다. 한편, 고창수(1992: 124)에서는 국어의 관형사와 동명사형이 명사와 동사처럼 굴곡접미사를 접미시킬 수 없으므로 [−N, −V] 자질을 가지며, 명사와 같이 [−V] 가져 통사 구조상에서 명사구의 관할을 받는다고 가정하면서, 국어의 어휘 범주가 가질 수 있는 자질을 다음과 같이 제시한다.

iii) 명사 [+N, −V]
    동사 [−N, +V]
    관형사 [−N, −V]
    부사 [+N, +V]

이론 내적인 문제로, 그와 우리의 자질 복합체에 대한 가정은 열어 두기로 한다. [±N]과 [±V]를 어떻게 해석하여 접근하는가의 차이이다.

론적 정보들을 하나의 어휘 내항(lexical entry) 안에 모두 포함하고 있
다.9)

    (1) 명사(名詞) [+N, −V](명사・수사・대명사)10)
       동사(動詞) [−N, +V](동작・상태)
       관형사(冠形詞) [+N, +V]
       부사(副詞) [−N, −V]

명사는 명사성(=지시성) [+N]만을 가진 것으로 실체성・비실체성 모
두를 포함하고, 동사는 동사성(=서술성) [+V]만을 가진 것으로 동작동사
와 상태동사로 구분할 수 있다. 관형사는 본디 '새, 그', '한(하나), 두(둘)'
나 '헌'같이 명사나 동사에서 온 것으로, 명사를 수식하기도 하고 서술성
을 가지고 있기도 하는 특징이 있다.11) 부사는 지시성과 서술성에 있어
매우 소극적이다.

일반적으로 接辭는 새로운 어사를 형성하는 파생접사와 문법적인 의미
를 나타내는 굴절접사로 나뉜다. 졸고(1995: 16-21)에서는 국어의 파생접
사와 굴절접사가 어형성의 유무와 통사부와의 관련성 등 두 기준에 의하
여 구분된다고 하였다. 즉 파생이란 "어사에 접사가 연결되어 새로운 어
휘 곧 어사가 만들어지는 형태론적 과정"으로 굴절과는 분명한 차이가 있
으며,12) 굴절은 구 범주 층위와 결합하여 문법적인 관계를 나타내어 어

---

9) 이는 채현식(2000: 30-33)이 어휘 내항을 "단어가 지니고 있는 언어의 총체"라고
   규정한 것과 맥을 같이한다. 이 어휘 내항, 어휘 정보 표시에 대한 일면을 보인 것은
   송원용(2001: 33-40)이 있다.
10) 여기서 '명사(名詞), 동사(動詞), 관형사(冠形詞), 부사(副詞)'의 '詞'는 품사(品詞)의
    개념이 들어 있는 용어이다. 우리는 '詞'를 '辭'의 부류로 이해한다. '名詞'는 '名辭'
    부류이다.
11) '한/두/그 사람은 은행에 갔다'의 경우, '은행에 간 사람은 하나/둘/그이다'처럼 분열
    문 형식이 가능하다.
12) Lyons(1977: 522), Bauer(1983: 22-29), 임홍빈(1989: 167-168) 참조.

사 범주 층위와 결합하는 파생과는 다른 성질의 것이다.[13] 이 둘은 각각 형태부와 통사부에서 핵 계층 이론과 투사 원리를 만족시키는데, 파생접사는 X^{-1} 범주 층위로, 굴절접사는 X^0 범주 층위로 사전의 훌륭한 구성 단위가 된다.[14]

이때 파생접사 X^{-1}은 어사와 마찬가지로 통사 범주 자질을 가지며, 음운론적·형태론적·통사론적·의미론적 또는 화용론적 정보까지 내항(entry) 안에 포함하고 있다.[15] 결국 파생접사는 통사 어휘 범주로서 어사와 층위만 다를 뿐이며, 다음과 같은 유형과 형태들이 있다.[16]

---

13) 구본관(1998: 45-53)에서도 '파생이 어기가 단어 이하이고 어휘고도제약을 가지는데 비해 굴절은 그렇지 못하고, 파생이 공시적으로 새로운 어휘를 만들지만 굴절은 그렇지 못하다'고 하였다.

14) 이에 대한 자세한 논의는 졸고(1995) 참조. 이제 우리는 여기서부터 용어를 바꾼다. 임홍빈(1997)은 영어와 달리 국어가 체언구와 용언구에 문법적인 요소가 부가(또는 첨가) 혹은 교착되는 교착어임을 들어 굴절접사를 '교착소(agglutinative element)'로 새롭게 명명할 것을 제안한다. 그리고 국어 교착소의 성격으로 다음을 제시하였다.

    i) 국어 교착소의 성격(p.127)
      가. 국어의 교착소는 통사론적 구성에 연결되는 통사적 존재이다.
      나. 국어의 교착소는 통사적 구성에 연결되어 다시 통사적 구성을 이룬다.
      다. 교착소와 선행 형태 및 다른 교착소와의 연결은 계층적 구조를 이룬다.

명명을 달리했을 뿐 일반적으로 알고 있는 국어의 굴절접사 성격 그대로이다. 우리는 파생접사를 고려하여 교착소를 '교착접사(agglutinative affix)'로 바꿔 부르기로 한다.

15) 이재인(1993: 14, 29)에서는 접미사를 사전(어휘부)에 등재되어 있는, 통사 자질과 어휘 특성을 가진 어휘적 요소로 보고 있다(졸고(1995: 24)).

16) 이때의 파생접사는 파생접미사를 이르는데, 전체 파생접사의 체계를 고려하면 명사에 부가되는 '맏-, 풋-, 맨-, 生-, 親-, 無-, …', 동작동사에 부가되는 '짓-, 내-, 들-, 휘-, …', 상태동사에 부가되는 '걸-, 샛-, 싯-, …', 그리고 명사와 동사에 부가되는 '덧-, 뒤-, 맞-, 빗-, 헛-, …' 등의 파생접두사도 파생접미사와 마찬가지로 X^{-1} 범주 층위이며 모든 정보를 내항에 포함하고 있다고 보아야 한다(졸고(1995: 46-48)). 한편 형태부에서의 핵 계층 이론 제안은 Selkirk(1982), Scalise (1984), 이석주(1989), 정원수(1992), 시정곤(1994) 등에 있었으나 이들은 핵 계층 이론의 식형 '$X^n \rightarrow \cdots X^{n-1}\cdots$'을 위배한다든지 접사의 층위를 설정하지 않는다든지 등의 문제점을 안고 있다(졸고(1995: 21)).

(2) 가. 명사 형성 파생접사(N^{-1}) : –이, –개, –음, –기, –질, –장이, –보,
　　　　　　　　　　　　　 –家, –手, –性, –的, …
　　나. 동사 형성 파생접사(V^{-1}) : –거리–, –대–, –이–, –기–, –리–, …(동작)
　　　　　　　　　　　　　 –스럽–, –답–, –롭–, …(상태)
　　다. 부사 형성 파생접사(ADV^{-1}) : –이, –히, …

　　교착접사는 명사구와 결합하는 것과 동사구와 결합하는 것으로 대별된
다. 이를 각각 명사구 (교착)접사와 동사구 (교착)접사라 이름하며, 기존 문
법 연구를 토대로 하여 각 요소들을 재배열하면 다음과 같다. 이들은 일
반적으로 'K, D, I, C, HONOR, TENSE, MODAL, FINAL' 등을 나타
내는 통사 기능 범주이지만 '–음', '–기' 등은 통사 기능 범주($C(OMP)^0$)이
면서 통사 어휘 범주(N^0)이다.[17]

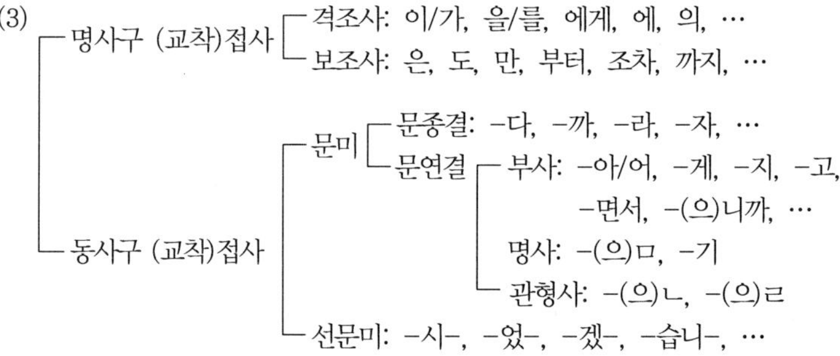

　　관용구, 관용 표현, 숙어 등으로 일컬어지는 어사(소)구는 통사 단위로
서 통사부의 원리를 지키면서도 특유의 의미를 나타내어 어사와 구의 양
면성을 모두 가지고 있다. '미역국(을) 먹다'의 경우 '미역국(을)'이 '먹다'
의 내부 논항(보충어)으로서 대상의 의미역 및 대격 실현까지 된 형태로
'먹다'와 구 구성(X^1)을 이루며 '시험에 떨어지다, 직위에서 떨려 나다, 퇴

---

17) 통사 범주에 대한 자세한 논의는 임동훈(1991), 시정곤(1993), 서정목(1994), 유동석
　　(1995), 임홍빈(1997) 등을 참조하라.

짜를 맞다' 등의 특유의 의미를 나타낸다(Chomsky(1965: 190), Di Sciullo/ Williams(1987), 전상범(1995: 654-655)).[18]

이러한 사전의 구성 단위는 일반적으로 말하는 '단어(word)'나 김성규 (1987)의 '어휘소(lexeme)', 구본관(1990)과 채현식(1994)의 '등재소(listeme)', 박진호(1994)의 '통사 원자(syntactic atom)'와 크게 다르지 않지만 분명 그 개념과 범위 설정에 있어서 차이가 있다. 김성규(1987)은 어휘소를 공식적으로 사전에 등재될 수 있는 형태소(또는 형태소군)이라고 하면서 굴절의 어간과 어미, 생산적인 파생접사, 어휘화된 단어, 단일어 등을 들고 있다. 구본관(1990)은 기억의 장소인 저장부의 등재 단위를 등재소라고 하여 형태소, 어간, 단어, 생산적인 접사 등이 이에 속한다고 한다.[19] 채현식(1994)는 여기에 생산적인 접사에 의한 파생어, 특정한 체언·용언의 어간과 굴절형과의 결합형 등도 저장부에 저장될 수 있다고 본다.[20] 박진호(1994)에서는 '통사 원자'를 심층어휘부에 있는 파생접사·어근과 다른, 통사론의 기본 단위로서 표층어휘부에 있는 단어라고 하면서 어간, 조사, 어미 등을 이른다. 한편 송원용(2001)에서는 단어를 고영근(1993: 34 -39)의 문장형성소, 박진호(1994: 6)의 통사 원자에 대응되는 개념으로 사용하고 등재소는 채현식(1994: 9-14)와 같은 개념으로 사용하였다. 그리고 단어와 등재소의 개념을 이용하여 다음과 같은 조합과 그 구체적 구성의 예를 보인다.(p.18)

---

18) 이와 함께 둘 이상의 구성 성분이 특별히 긴밀하고 제한적인 결합 관계를 보이는 구성인 연어 구성(Collocation)이나 속담(Proverb)까지도 사전의 구성 단위로 볼 수 있는지가 문제된다. 사실 연어 구성과 관용구, 속담과 관용구, 더 나아가 합성명사, 합성동사와 관용구의 면밀한 고찰이 선결되어야만 만족스러운 결과에 접근할 수 있을 것이다(김진해(2000), 한영균(2002), 임홍빈(2002), 서상규(2002)). 우리는 단지 관용구를 어사(소)구라 하여 X^1(또는 X^2) 범주 층위를 가지고 있다고 언급하는 정도에서 논의를 그치기로 한다.

19) 관용구나 속담도 저장부에 등재되어 있다고 보나 굴절형에 대해서는 약어휘론자 입장에서 등재 단위에 포함시키지 않는다.

20) 자세한 논의와 구체적인 예는 채현식(1994: 52-77)을 보라.

(4) 가. 등재소 & 단어: 어휘부 등재 단어(어휘부에 저장된 일반적인 단어)
　　나. 비등재소 & 단어: 임시어(어휘부에 저장되지 않는 형태론적 결합)
　　다. 비단어 & 등재소: 등재된 통사론적 구성(관용 표현, 연어(colloca-
　　　　tion) 등)
　　라. 비단어 & 비등재소: 일반적인 통사론적 구성

이상의 논의를 토대로 하면 '이상스럽-, 향기롭-'에 대하여, 김성규 (1987)에서는 '향기롭-, 이상, -스럽-'을 어휘소로, 구본관(1990)에서는 '향기롭-, 이상, -스럽-, 이상스럽-'을 등재소로 보는 것이며(구본관(1990: 38-41)), 채현식(1994)에서는 '이상, -스럽-, 이상스럽-, 향기, 향기롭-'을 등재소로 파악하고(채현식(1994: 84)), 박진호(1994)의 '통사 원자', 송원용 (2001)의 '단어'는 '이상스럽-, 향기롭-, 이상, 향기'를 이르는 것이라 할 수 있다.21) 우리는 '이상, 이상스럽-, -스럽-, 향기, 향기롭-, -롭-'이 어사와 파생접사로서 사전에 등재되어 있다고 보며, '-스럽-'이 생산적인 접사이므로 '이상스럽-'의 경우 사전에 등재되지 않고, '-롭-'은 비생산적인 접사이므로 '향기롭-' 전체가 사전에 등재되어 있다고 하는 것은 문제가 있다고 본다. 이에 생산성이라는 개념을 생각해 볼 필요가 있다. 생산성은 파생어를 다룰 때 자주 논의되는 개념으로, 전통적으로 생산성은 하나의 어형성 과정인 파생 규칙으로 만들어질 수 있는 어휘의 개수로 판단한다. 즉 많은 파생어를 생성해 내면 그 파생 규칙은 생산성이 높고 적은 파생어를 생성해 내면 그 파생 규칙은 생산성이 낮다고 하며 전혀 파생어를 생성해 내지 못하면 그 파생 규칙은 생산성이 없다고 한

---

21) 박진호(1994), 채현식(2000)과 송원용(1998, 2001)은 각각 심층어휘부와 비활성어휘부에 파생접사가 저장되어 있다고 보는데, 특히 채현식(2000: 125)는 '편지-꽂이'의 '꽂이'도 준접미사로 간주하여 심층어휘부에 존재하는 요소로 본다. 한편 단어어가 가설을 주장하는 Aronoff(1976)은 '이상스럽-, 향기롭-'을, Selkirk(1982)에서는 형태소 '이상, -스럽-, 향기, -롭-'을 사전의 등재 단위로 보고 있는 것이다(구본관 (1990: 38-40)).

다. 그런데 이러한 생산성 개념은 파생 규칙에는 어기에 대한 제약이 있고 그 어기에 대한 제약을 지키는 범위 안에서 생겨날 수 있는 가능한 어휘(가능어 또는 잠재어)의 개수와 현실적으로 존재하는 어휘(실재어)의 개수를 비율로 환산해서 생산성을 측정해야 한다는 Aronoff(1976)의 상대적 생산성 개념으로 바뀌게 된다. 그러나 실재어가 분명 사전에 등재된 어휘를 의미하는 것이 아니므로 가능어, 잠재어와 구분할 수 있는 결정적인 기준을 찾을 수 없다는 비판이 제기되었으며(고재설(1993: 35)), 본질적으로 어형성 이론이, 존재하는 어휘에 대한 직관은 물론 존재하지 않지만 존재 가능한 어휘에 대한 직관까지 설명할 수 있어야 함을 주장한 논의(졸고 (1999: 42), 황화상(2001: 10))에 바탕을 둔다면 파생 규칙이 공시적으로 높은 생산성을 보이느냐 그렇지 않느냐로 그 생산성을 판단할 것이 아니라 공시적인 파생 규칙에 의해 어휘가 존재하느냐 존재하지 않느냐로 판단해야 한다. 이에 우리는 '-스럽-'뿐만 아니라 '-롭-'도 접사로서 사전의 구성 단위가 되며22) '이상', '향기', '향기롭-'뿐만 아니라 '이상스럽-'도 어사로서 사전의 구성 단위가 된다고 본다.

---

22) '-롭-'이 '-스럽-'에 비해 생산성이 낮지만 공시적으로 생산력을 갖는다는 것은 여러 논의에서 주장된 바 있다. 우선 '-롭-'에 의해 파생된 상태동사의 일단을 제시하면 다음과 같다.

> ⅰ) 경사롭다, 위태롭다, 신비롭다, 명예롭다, 예사롭다, 영화롭다, 의롭다, 이롭다, 해롭다, 자유롭다, 자비롭다, 지혜롭다, 평화롭다, 호기롭다, 폐롭다, 보배롭다, 수고롭다, 대수롭다, 슬기롭다, 감미롭다, 가소롭다, 공교롭다, 다채롭다, 단조롭다, 사사롭다, 신기롭다, 순조롭다, 자애롭다, 한가롭다, 권태롭다, 번화롭다, 풍요롭다, 정의롭다, 여유롭다, 흥미롭다, 경이롭다, 인자롭다, …

이 외에도 민현식(1984)에서는 '奸邪롭다, 怪異롭다, 溫和롭다, 疑訝롭다' 등이 성립 가능하다고 보고 있고, 김창섭(1996: 176)에서는 '價値롭다, 創意롭다, 固有롭다, 便宜롭다'와 같은 임시어가 쓰이기도 하므로 상당한 생산성이 인정된다고 하였다. 한편 국립국어연구원의 '2000년 신어'에는 '韻致롭다(고상하고 우아한 느낌이 있다)' 와 '虛虛롭다(텅 비어 매우 허전한 데가 있다)'가 올라 있다.

2.2.2 기존의 언어 단위에 대한 재고찰

우리는 사전의 구성 단위로 형태·통사 단위인 '어사(x^0)', 형태 단위인 '접사(x^{-1})' 그리고 통사 단위인 '어사(소)구(x^1/x^2)'를 설정하였다. 그리고 어사 범주가 형태·통사 단위로 사전·형태부의 최대 단위이며 통사부의 최소 단위라고 하였다. 이는 어사 범주가 형태 단위이면서 통사 단위인 이중적인 성격을 가지고 있음을 말한다. 이제 이러한 가정에 기초하여 형태소, 기존에 단어의 핵심 요소로 인정되어 온 어근, 어간과 기존의 논의에서 설정한 잠재어(가능어), 단어형성 전용 요소 등의 개념을 살펴보자.

(1) 형태소

형태소는 문법 단위(grammatical unit) 중 가장 작은 단위로서 일반적으로 最小의 有意的 單位라 하여 구조 분석 위주로 접근한 구조주의 형태론에서 필요한 개념이었다(이익섭·임홍빈(1983: 108)).[23][24] 그러나 Chomsky(1970), Halle(1973), Aronoff(1976) 등의 생성 형태론에서는 형태소에 대한 만족스러운 논의가 있지 않았으며, 있다 하여도 단어 형성에 참여하는 접사에 대한 고찰에 머문다. 이는 접사를 제외한 어휘의 내부 분석이 단어 형성적 측면에서 어떠한 도움을 주지 못하며, 하나의 형태소가 하나의 단어가 되기도 하고('단일어'인 경우) 둘 이상의 형태소가 하나의 단어가 되기고 하며('복합어'인 경우) 하나의 형태소가 하나의 단어가 되지 못한다('접사'인 경우)는 등 그 기술이 순환적이면서 예측 가능한 것이기에 그러하다고 본다. 또한 '들쥐, 다람쥐, 박쥐, 생쥐'(전상범(1995: 7)에서 인용)

---

23) Bloomfield(1933: 160)에서는 '다른 어떤 형태와 음성-의미적으로 부분적 유사성이 없는 언어 형태', Hockett(1958: 123)에서는 '의미를 가지는 최소의 단위(smallest meaningful unit)'라고 정의하였다.
24) Nida(1946/1976: 7-61)에서는 여섯 가지 원리를 내세워 형태소를 분석·설명하였다.

의 경우 ‘쥐’를 제외하면 그 나머지 부분인 ‘들-, 다람-, 박-, 생-’ 가운데 ‘들-’은 어느 정도 그 의미를 파악할 수 있지만 그 외는 의미를 알 수 없는데, 그렇다면 단일어와 복합어의 구분도 어렵게 된다. 결국 형태소는 사전의 구성 단위(item)로서가 아닌 그 구성 단위의 구성원(constituent), 곧 분석의 대상 그 이상도 그 이하도 아닌 이론적인 개념에 불과한 것으로, 그 정의 및 분석 기준의 논의는 어형성 연구에 큰 지위를 차지하지 않는다고 할 수 있다.

(2) 어근, 어간

Hockett(1958)의 이론을 받아들여 이익섭(1975)에서부터 단어의 핵심 요소로서 인정되어 온 ‘어근(root), 어간(stem), 어기(base)’는 다음과 같다.[25]

> (5) 가. 어근 : 굴절접사(어미)와 직접 결합될 수 없으며, 동시에 자립형식
> 도 아닌 단어의 중심부/깨끗-, 소근-, 분명-, 나직-, 거무스름-,
> 시원섭섭-, …
> 나. 어간 : 굴접접사(어미)와 직접 결합될 수 있거나, 그 단독으로 단어
> 가 될 수 있는 단어의 중심부/웃-, 뛰-, 짓밟-, 높푸르-, 물, 강
> (江), 바다, …
> 다. 어기 : 어근, 어간을 포괄하는 언어 형식[26]

즉 어근이란 형태론적 단위로서 어형성에만 참여하고 통사부에서는 비자립적인 것이며, 어간은 어형성뿐 아니라 통사부에서도 나타나는 자립

---

25) 단어(word)는 문법 단위 중 매우 기본적인 단위이면서 아직까지 완벽하게 정의를 내리지 못하고 있다. 그래서 사전(또는 어휘부)에 집중하여 그 단위를 설정하려는 노력이 작금의 형태론 연구라 할 수 있다.

26) 이익섭(1975)의 어근과 어간에 대하여 남기심·고영근(1985: 186)은 각각 ‘불규칙적 어근’과 ‘규칙적 어근’으로 설명한다. ‘불규칙적 어근’은 품사가 명백하지 않고 다른 말과의 통합이 제약적인 것을 이르며, ‘규칙적 어근’은 품사가 분명하고 다른 말과의 통합이 자유로운 것을 뜻한다.

적인 형태·통사론적 단위라는 것이다. 한편 노명희(1998)에서는 한자어를 다루면서 이러한 자립성의 유무와 정도 또는 국어의 단어 형성에 참여하는 정도에 따라 형태·통사론적 단위인 어간을 자립형식, 형태론적 단위인 어근을 의존형식으로 나누었다. 즉 한자어 어근·어간을 그 기능적 가치에 따라 성격을 규정하여 자립형식으로 '산(山), 정(情), 문(門), 상(賞), 차(車), 책(冊), 상(床), 창(窓), 부모(父母), 안경(眼鏡), 우정(友情), 대문(大門), 상장(賞狀), 차비(車費), 책상(冊床), 창문(窓門)' 등을 들고 있으며, 의존형식으로 다음을 제시한다(노명희(1998: 30)).[27]

(6) 어근의 종류와 특성

어근의 종류		어근의 예	접사 결합 양상	관련 품사
활성어근	강활성어근	신선(新鮮), 현명(賢明)	[+하다]	형용사적 어근
		강력(強力), 강경(強硬)	[+(하다)]	명사적 어근
		거국(擧國), 간접(間接)	[+(적)]	관형사적 어근
		적극(積極), 본격(本格)	[+(적)]	부사적 어근
		간이(簡易), 강박(強迫)	[−하다], [−적]	명사적 어근
		학구(學究), 심인(心因)	[+적], [+성]	
	약활성어근	맹(猛), 호(好), 가(街), 금(金)	[−하다], [−적]	접사적 어근
비활성어근		국(國), 가(家), 분(分)	[−하다]	
		귀(貴), 천(賤), 구(求)	[+하다], [+히]	

　　그런데 (6)의 하위 구분과 그 종류, 특성에는 몇 가지 문제가 있다. 첫

---

27) 한자어 의존형식에는 당연히 다음과 같이 접사도 포함된다(노명희(1998: 14)).

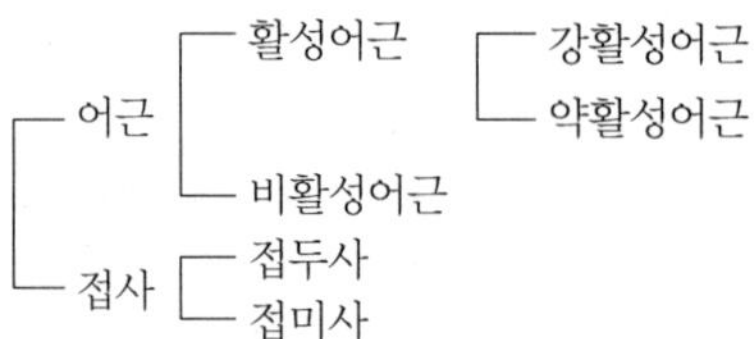

째, 비활성어근은 1음절로 한문 문법 체계 내에서만 하나의 단위 곧 통사
론적 단위로까지 기능하는 것으로, '국가(國家)'의 '국(國)'과 '가(家)', '분
명(分明)'의 '분(分)'과 '명(明)', '귀(貴)하다'의 '귀(貴)' 등을 이른다. 그러
나 '국가(國家)'를 '국(國)'과 '가(家)'로, '분명(分明)'을 '분(分)'과 '명(明)'
으로 분석하는 것과 '귀(貴)하다'를 '귀(貴)'와 '-하다'로 분석하는 것은 분
명 다르게 설명되어야 한다. 전자는 너무 분석적으로 파악한 것으로 '깨
끗-'을 '깨'와 '끗'으로 분석하지 않는 것과 마찬가지로 일반 국어 화자들
이 전혀 인식할 수 없는 것들이다. 후자의 예로는 '貴하다, 救하다, 定하
다, 멍하다' 등이 있는데, '-하다'가 공통적으로 있어 '貴/救/定/멍-하
다'로 나누고 '貴/救/定/멍'을 어근으로 본다. 그런데 비슷한 의미의 '貴
重-하다'의 '貴重', '救濟-하다'의 '救濟', '決定-하다'의 '決定', '멍청-
하다'의 '멍청' 등의 2음절어가 통사부에서 자립적으로 쓰이기도 하고 그
가능성이 있는 반면, '貴/救/定/멍'은 한자어·고유어 모두 1음절어로서
통사부에서 자립적으로 쓰이지 못한다. 그러나 '請-하다'의 '請'은 같은
1음절이면서 노명희(1998)의 용어로 강활성어근 또는 자립형식이다. 이는
그 자립성 획득 여부가 국어 화자들의 인식 정도에 달려 있음을 말하며,
결국 그러한 기술이 불완전함을 의미한다.

둘째, 노명희(1998: 26)에서도 인정하고 있는 바와 같이 강활성어근 중
에는 어근적인 성질을 가지고 형태론적 단위로 기능하는 경우뿐만 아니
라 명사, 부사, 관형사와 같은 특정 품사(통사 어휘 범주)를 가지고 통사론
적 단위로 기능하는 자립형식(어간)인 경우도 있다. 다음을 보자.[28]

   (7) 가. [?]신선 식품, *현명 태도, *화려 문체, *치밀 검토, *강직 태도, *견고
       성질

---

28) 아래 (7)은 노명희(1998: 17-26), 정희정(2000: 108-135)에서 제시한 많은 예들을
   요약·정리한 것이다.

나. 강력 드라이브, 강경 태도, 대등 관계, 과다 지방, 긴급 사태, 불온
   서적, 영세 기업
나'. 강력 대응하다, 강경 대처하다, [?]대등 처리하다, 과다 적재하다, 긴급
   수송하다
다. 거국(적) 내각, 간접(적) 공격, 원시(적) 동물, 거시(적) 구조, 잠정
   (적) 결론
라. 적극 대처, 본격 가동, 공식 거부, 전격 해임, 일괄 타결
라'. 적극 대처하다, 본격 가동하다, 공식 거부하다, 전격 해임하다, 일
   괄 타결하다
라". *적극 견해, *본격 사실, *공식 내용, *전격 내용, *일괄 내용
마. 간이 휴게소, 강박 관념, 공안 세력, 문민 정부, 모의 국회, 문교
   정책, 다중 방송
바. *이지 태도, *자의 해석, *학구 태도, *개연 사실, *심인 질환
바'. 이지적 태도, 자의적 해석, 학구적 태도, 개연적 사실, 심인성 질환

(7가)는 '-하다'와의 결합 없이 구 구성에 참여할 수 없는 형용사적 어
근을, (7나, 나')은 다른 명사나 동사 앞에서 '-하다'가 생략되어 수식 기
능을 하는 명사적 어근을 보인 예이다. (7다)의 예는 '-하다'와의 결합이
불가능하지만 '-的'과 결합할 수 있으며, '-的'이 결합하지 않고서도 다
른 명사를 수식할 수 있는 관형사적 어근이며, (7라, 라', 라")은 '-的'의
결합·생략이 가능하면서도 서술성을 가진 명사만을 수식하는 부사적 어
근의 예이다. (7마)는 '-하다'나 '-的'과의 결합이 불가능하지만 구의 구
성에 활발하게 참여하는 명사적 어근의 예를 보인 것이다.[29] 한편 (7바,

---

29) 이 외에도 '가용(자원/노동)', '고등(지식/기술)', '군소(업체/정당/공장)', '당해(관청
   /기관/사건/법규)', '반핵(시위/투쟁/단체)', '부대(비용/행사)', '여류(문인/화가/시
   인/조각가)', '외래(문물/사조/종교/진찰권/진료)', '유인(우주 왕복선/우주 기지)',
   '중고(가구/자동차)', '중소(국가/상인)', '중화학(분야/단지)', '초대(대통령/원장/총
   장)', '휴대용(녹음기/물통/전화기)' 등의 예가 보이고, 한자어 접두사 '對, 在, 駐'가
   결합된 '대남(방송/공작), 대미(무역/의존도/무역 적자), 대북(정책/제의)', '재미(한
   국인/동포/과학자/작가), 재일(교포/거류민단/유학생)', '주미(대사/프랑스 대사관),
   주일(한국 대사관/특파원)' 등도 이 부류에 속한다고 할 수 있다. 한편 채현식(2001:
   255-257)에서는 이들이 이루는 구성이 일부 공백화와 대용화에 있어 다른 문법성을
   보인다고 하여 통사적 구성과 형태적 구성으로 나누어 고찰하기도 한다.

바')과 같이 '-的'이나 '-性'과의 결합은 가능하지만 그것들이 생략되어 구 구성에 참여할 수 없는, 위의 예들보다 더 의존적인 전형적인 어근의 특성을 보이는 것들도 있다.

결국 위 (7)의 예들이 합성명사가 아닌 구 구성이라면 그 선행 성분들은 어근일 뿐만 아니라 어간 또는 명사구이다.[30) 좀더 구체적으로 말하면 '-하다', '-的' 등의 결합 양상 및 생략 유무, 또는 격조사와의 결합 가능성 여부나 관형사처럼 명사를 수식하는 기능 등이 강활성어근의 특성이자 분류 기준이라면, 이 선행 성분들은 분명 어근의 개념과 모순될 뿐만 아니라(채현식(2001: 245)) 어간으로서의 특성 또한 가지고 있는 것이다. 결국 이들은 명사 어사(N^0)로서 홀로 관형 수식의 쓰임을 보이면서 조사의 결합이 제약적인 특징을 가지고 있는 부류이다.

한편, 임홍빈(1979)에서는 '어근'을 파생의 어기이자 문장에서 독립적으로 쓰이는 통사적 단위인 단어와 대립되는 개념으로 파악하면서, 통사부에서 독립적으로 쓰이는 단위가 아니라 어떤 단어를 구성하는 일부로서 독립적인 용법이 없는 성분으로 보고 있다. 더 나아가 김창섭(1996: 162-163)에서는 '공부-하다, 건강-하다, 가난-하다, 가득-하다' 등의 '공부,

---

30) 이러한 부류에 대하여 그 대상이 일치하지 않지만 다음과 같은 선행 논의들이 있다. 고신숙(1987)에서는 한자어인 관계로 문법적 기능은 퇴화하지만 어휘적 의미는 변함이 없이 보존되고 있고, 단어로서의 기능은 점차 상실되어 가는 반면 단어를 조성하는 기능이 적극화되고 있는 특성을 지닌 '어근적 단어'로 이들을 서술하고 있으며, 채현식(2001)에서는 이들이 자립성이나 조사의 통합에 심한 제약이 있으나 통사적 구성에 참여한다는 점을 중시하여 고신숙(1987)과 같은 용어인 '어근적 단어'라는 범주를 부여한다. 그리고 김영욱(1994)에서는 이들 부류를 그 기능이 주로 명사 앞에서 명사를 수식하는 기능이 강하기 때문에 '관형 명사'로 보고, 이선웅(2001)에서도 '관형 명사'라 하여 그 특징으로 (1)명사 앞에서 관형어적으로만 쓰이고 (2)자립적이지 않아 조사 따위가 통합되어 쓰일 수 없으며 (3)다른 관형어의 수식을 받을 수 없음을 들고 있다. 남기심·이희자(1995)에서는 이들을 단어로 볼 수 없으므로 '형성소'라는 문법범주를 설정할 것을 제안하고 있고, 정희정(2000)에서는 이들이 어근의 지위에 있으면서 명사적 쓰임을 보이기도 한다고 하여 '명사성 어근'이라고 하였다. 어근들이 명사로 쓰이는 많은 예는 정희정(2000: 108-137)을 참조.

건강, 가난, 가득'이 비록 명사, 부사이지만 통사부에서 독립적으로 쓰이는 XP가 아니라 단어를 구성하는 한 성분일 뿐이라는 점에서 어근이 된다고 한다.[31]

결국 어근이 자립성을 획득하여 복합어 구성이 아닌 구 구성에 참여하기도 하고 본래 어간인 것이 복합어에서는 어근이 된다는 것은 어근이 어간이 될 수 있고 어간이 어근이 될 수 있다는 것이다. 이는, 사전의 최대 단위가 통사부의 최소 단위로서 통사부와 연계하여 기능한다고 할 때, 통사부에서의 자립성 유무, 교착접사와의 결합 유무 등의 기준으로 나눈 어근과 어간이 각각 형태 단위와 통사 단위에 집중한 개념으로 형태·통사 단위인 어사 범주의 서로 다른 모습일 뿐임을 보여 준다. 즉 이들은 통사 어휘 범주 X^0라 할 수 있다.[32][33]

(3) 잠재어, 임시어

송철의(1989/1992: 154), 김창섭(1994/1996: 19), 이재인(1995: 53), 졸고(1995: 50-64), 연재훈(1986)에서는 '새김질, 닦이질, 털이개, 갈림길, 걸이등, 깎기끌, 걸개그림'의 '새김, 닦이, 털이, 갈림, 걸이, 깎기, 걸개'(파생명사)나 '젖먹이'의 '젖먹-'(합성동사) 또는 '먹이'(파생명사)를, 독립적으로 나타나지 못하나 더 큰 복합어의 내부에만 나타난다고 하여 실재어가 아닌 잠

---

31) 또한 김창섭(1996: 18, 163)에서는 '깨끗-하다, 높직-하다, 시원섭섭-하다'가 각각 단순형식, 파생형식, 합성형식의 어근 '깨끗-, 높직-, 시원섭섭-'을 가진다고 하였고, '비가 올 듯/만/법-하다'에서는 '비가 올 듯/만/법-'의 명사구가 어근의 자격으로 바뀐 것이고, '[비가 왔음직]하다'의 '비가 왔음직-'도 어근이라고 해석했다.

32) 어근과 어간을 포괄하는 '어기'는 접사(파생접사와 굴절접사)와의 상대적 개념으로, 허철구(1997: 137)은 한 언어 형태가 어근인지 어간인지 불분명하다는 어려움이 있다고 하면서 그 둘을 아우르는 의미로 어기를 썼다. 사실 우리의 '語辭'는 이 '어기'를 의미하는 것이라 할 수 있다.

33) 이와 달리 정원수(1992)에서는 어근, 어간에 각각 X^{-2}, X^{-1}의 범주 층위를 부여하였는데, 핵 계층 이론을 무시하는 식형 제시 등 많은 문제를 안고 있다(졸고(1995: 13-14)).

재어로 보고 있다.[34][35] 즉 이들은 형태부에서 어형성 절차에 의해 만들어지지만, 사전의 구성 단위로서 통사부의 어휘 삽입 요소로 기능하지 못하여 형태·통사 단위의 완벽한 지위를 차지하지 못하고 있다고 할 수 있다. 결국 잠재어란 복합어 내부 요소 가운데 통사적으로 자립적이지 못한 요소를 예외적으로 처리하기 위해 등장한 개념으로 어근의 범주에 들어가는 것이다.

그러나 이들은 통사부에서 자립적으로 쓰이는 실재 명사 '먹이, 놀이, 풀이, 구이', '보기, 읽기, 달리기, 뽑기, 내기', '싸움, 얼음, 걸음, 볶음, 나눔, 찜, 무침', '덮개, 지우개, 베개, 거르개, 누르개' 등과 동일한 형태론적 구성을 이루면서 서로 유기적인 관련성을 가지며, '가림판, 다짐글, 씻김굿, 차림표, 디딤돌, 알림판, 어림수, 속임수, 깎기끌, 갈이칼' 등과 같이 잠재어로 판단되는 선행 성분에 통사적으로 자립적인 명사와 마찬가지로 사이시옷이 개재될 수도 있다. 또한 어형성 규칙의 출력형이 왜 어느 것은 실재어가 되고 어느 것은 잠재어가 되는지, 잠재어와 실재어의

---

34) 김창섭(1996: 18-19)에서는 "Allen(1978)의 과잉생성 형태론(overgenerating mor-phology)에서 제안된, 실재어(occurring word)가 아니면서도 다른 단어형성 규칙의 입력이 될 수 있는 '단어형성 규칙의 잠재적인 적격 출력(potential well-for-med outputs of a WFR)'(p.189)"이라는 잠재어가 더 큰 단어의 내부에만 나타나는 단어의 중심부라는 점에서 어근과 성격이 같으나, 단어로서 적격한 형태론적 구성이라는 점에서 그러한 보장이 없는 어근과 차이가 있다고 한다(이재인(1995: 52-53)). 잠재어에 대한 논의는 파생 접미사 '-이/-음/-기/-개'가 결합된 형태를 그 대상으로 삼고 있는데 우리는 4.3에서 [N-V-이/음/기/개] 구성을 다룰 것이다. 한편, Baker(1988) 이후 고재설(1988, 1992, 1993), 시정곤(1994) 등은 이러한 '갈림', '젖먹-'을 위의 논의와 마찬가지로 잠재어로 보지만 그 형성이 통사론적 조작에 의해 이루어진다고 주장한다. 이에 대하여 문법 체계적, 논리적, 인지적인 관점에서 그 문제점을 지적한 논의로는 졸고(1995: 57-59), 채현식(2000: 119-124), 연재훈(2001: 335-336) 등이 있다.

35) 한편 채현식(2000: 111-112)에서는, '[V-음]'의 경우 '-음'이 '갈림, 누름'을 단어로 만들기 위해 도입된 요소가 아니고 '갈림길, 누름통'이라는 더 큰 단위를 만들기 위해 도입된 요소로 파악하여 위의 논의와 같으나, '갈림, 누름'을 잠재어로 보지 않고 명사적 성격을 띤 어근으로 보고 '-음'을 파생접사나 교착접사(어미)로 본 기존의 논의와 달리 '명사적 어근 형성 전용 요소'라고 새롭게 규정하였다.

관계는 무엇이며 어형성 규칙의 실체는 무엇인지, 그리고 잠재어라고 설정한 단어들이 제약적으로나마 통사부에서 사용되고 있는 부분은 어떻게 설명될 수 있는지(시정곤(2000: 370)) 등에 대한 명확한 답을 마련하지 못한 이상 잠재어는 어근·어간과 마찬가지로 형태·통사 단위로서 어사(X^0) 범주에 들어간다고 해도 큰 문제는 없을 것이다.[36]

한편 고재설(1993: 129-136)에서는 다음과 같이 재구조화 3단계를 제시하면서 재구조화가 완성되면 [동사+접미사]가 명사적인 요소로서 자립성을 획득한다고 주장한다.[37]

(8) [[명사+동사]+접미사] → [명사][동사+접미사]] → [[동사+접미사]+명사] → [동사+접미사]
    통닭구이, 참새구이 ①전기구이, 장작구이 ②구이가마, 구이통 ③구이

그러나 (8)에서 각 단계의 '구이'가 그 자격 면에서 다른 것이라고 볼 수 있는지 의심스럽다. 재구조화의 단계 설정 문제는 차치하더라도 재구조화가 완성된 형태 '구이'만이 온전한 명사로(즉, 형태·통사 단위로) 자립적으로 통사부에서 쓰인다고 하였는데, 1·2단계의 '구이'는 '장작불, 불가마'의 '불'과 비교해 볼 때 충분히 자립성을 확보할 수 있는 대상으로 단지 합성명사의 구성 성분으로 형태 단위로만 기능하는 것이다.

한편, 위의 잠재어를 포함하여 존재하지 않지만 가능한 어휘(가능어(possible word)) 또는 화자가 일시적으로 만들어 낸 신어인 임시어(nonce word)

---

36) 결국 형태 단위로만 파악해 온 잠재어는 실재어와 같이 형태·통사 단위로 볼 수 있다. 한편 이와 같이 어형성의 중간 단계에서 만들어지는 형태인 잠재어를 황화상(2001: 61)에서는 '임시 형태 단위(temporary morphological unit)'로 지칭하는데, 형태론적 혹은 통사론적으로 특정한 의의를 갖는 것이 아니라고 하여 우리와 입장을 같이 하고 있다.

37) 이재인(1995: 16-19)는 [동사+접미사]가 잠재어 상태에서 특수화된 의미를 획득하고서 특정한 화용론적 상황에서 상대적인 자립성을 얻게 되어 실재어로 기능하게 되었다고 주장한다.

를 (공인어(institutionalized word)라 할 수 있는) 실재어와 대비해서 다루기도 한다.[38] 그러나 가능어·임시어 또한 사전에 있는 실재어와 마찬가지로 환유(metonymy)를 포함한 의미 전이(semantic drift) 과정이 있으며 일정한 의미 관계를 가지고 있다.

결국 국어의 어형성 과정 및 제약을 탐구하는 것이 어형성 연구의 본질이라고 한다면 어떠한 어휘의 자립성 유무, 사회적 승인이나 사전의 등재·등록 여부는 그 정도의 차이를 가져 언어학적으로 접근하여 설명할 수 있는 영역이 아니라고 할 수 있다(Kiparsky(1982: 38), Walsh(1984), Di Sciullo & Williams(1987: 21), 전상범(1995: 2), 졸고(1995: 50~65)).[39]

(4) 단어형성 전용 요소

김창섭(1996: 29-39)에서는 어떠한 어휘가 독자적인 의미와 용법을 가지고 합성어의 한 구성 성분으로서 어형성 과정에만 참여하는 경우, 그 요소를 '단어형성 전용 요소'라고 규정하였다.[40] 즉 아래의 (9), (10),

---

38) 이러한 임시어의 개념과 달리 송원용(1998: 22-27, 2001: 18-19, 153-197)에서는 임시어를 '통사적 원리를 지키지 않는 형태론적 구성이나, 그 결합이 매우 생산적이어서 어휘부에 저장되지 않는 단어'로 규정하면서 '홍길동님, 젊은아빠님, 홍길동이, 길동이, 사람들, 학생들', '독일계, 영국령, 프랑스어, 중국인, 미국식, 유럽풍, 한국형, 뉴질랜드산, 필리핀제, 브라질통, 미국행, 케네디가, 필립공, 라깡류, 김가, 이씨, 홍길동씨, 김영희양, 필순양, 함석헌옹', '대러시아, 주나이지리아, 탈아프칸, 재이란, 반이회창, 친부시' 등의 예를 든다. 이들은 '사람들, 학생들'을 제외하고는 모두 고유명사가 접미사나 접두사와 결합한 경우인데 이들 접사를 그는 '임시어 형성 접사'로 보았다. 그러나 3.1.1에서 언급하는 바와 같이 위 예들은 고유명사가 보통명사화한 경우와 명사구와 같은 자격을 가진 경우가 있고 '들'이 명사구에 결합하는 요소이므로 임시어, 임시어 형성 접사 설정은 재고해야 한다.

39) Aronoff(1983)을 인용하면서 Di Sciullo & Williams(1987: 18)에서는 "화자는 그 단어 형성의 패턴이 생산적일수록 잠재어와 실재어의 판단에 혼란을 일으킨다."라고 하였다.

40) 단어형성 전용 요소는 합성어의 내부에만 나타난다는 점에서 어근이나 잠재어와 공통점을 가진다고 할 수 있다. 그러나 어근이나 잠재어는 본래부터 어근, 잠재어이지만 단어형성 전용 요소는 합성어 속에서 그 한 요소가 변화하여 성립된 것이라는 차이가 있다고 한다(김창섭(1996: 21), 김일병(2001: 151-152)). 한편, 송원용(2001: 56-

(11나), (12마, 바), (13나, 다) 등의 '나도', '샘', '자리', '집', '방'을 어
형성에서 독자성을 획득한 요소라고 파악한다는 것이다.

(9) 나도국수나무, 나도냉이, 나도박달, 나도생강, 나도밤의귀, 나도은조
롱, 나도밤나무(너도밤나무), 나도방동사니(너도방동사니), 나도양지
꽃(너도양지꽃), … (식물-고유명사)

(10) 가슴샘, 눈물샘, 땀샘, 젖샘, 소화샘, 목밑샘, 귀밑샘, … (分泌腺-고
유명사)

(11) 가. 꽃자리, 꿈자리, 보금자리, 잠자리, 일자리, 두엄자리, 마음자리,
명당자리, 땅자리, 벼슬자리, 술자리, 가르맛자리, 개자리, 대자
리, …
나. 물병자리, 거문고자리, 작은곰자리, 오리온자리, 카시오페아자리,
…(星座-고유명사)

(12) 가. 초가집, 벽돌집, 판잣집, 남향집, 이층집, 개집, 벌집, … (屋·巢)
나. 처갓집, 잔칫집, 부잣집, 무당집, 교숫집, 장관집, … (家庭)
다. 안경집, 쌀집, 유릿집, 빵집, 술집, 수선집, 찻집, 점집, … (가게)
라. 전주집(전주ㅅ집), 버드나무집(버드나무ㅅ집), 할매집(할매ㅅ집), …
(음식점·주점-고유명사)
마. 대팻집, 벼룻집, 안경집(안경ㅅ집), 칼집(칼ㅅ집), 활ㅅ집, 권총집
(권총ㅅ집), … (匣)
바. 서울집(서울ㅅ집), 부산집(부산ㅅ집), 전줏집, … (妾-고유명사)

57, 74-142)에서는 단어형성 전용 요소가 사용된 어형성 과정과 유사하게 의사 접
사에 의한 '의사 파생(pseudo-derivation)'을 제안한다. 의사 파생이란 '합성, 파생
등으로 형성된 단어의 일부분이 의미의 특수화를 겪거나 재분석되어 어형성 과정의
직접 성분으로 참여하는 유추 과정'으로, 단어형성 전용 요소에 의한 어형성보다 적
용 영역을 넓게 파악한다. i)에 제시된 어휘들이 모두 의사 파생으로 형성된 것들로,
'-구이, -꽂이, -박이, -받이, -맞이, -잡이, -벌이', '-(으)ㅁ', '-볶음', '뿌리
개', '-치기', '선-', '진-'은 의미의 특수화나 재분석으로 의사 파생에 관여하는 의
사 접사라는 것이다.

i) 가. 더덕구이, 연필꽂이, 금니박이, 가루받이, 달맞이, 안경잡이, 돈벌이
나. 튀김, 짐, 순대볶음, 물뿌리개, 소매치기, 엿치기
다. 선머슴, 진땀

    사. 金집(김ㅅ집), 李집(이ㅅ집), 鄭집(정ㅅ집), … (시집간 여자–고유
       명사)

(13) 가. 머슴방(머슴ㅅ방), 손님방(손님ㅅ방), 노름방(노름ㅅ방), 글방(글ㅅ
       방), 피아놋방, 가겟방, 여관방(여관ㅅ방), 호텔방(호텔ㅅ방), …
    나. 구둣방, 농방(농ㅅ방), 만홧방, 안경방(안경ㅅ방), …(가게)
    다. 날개방, 머리방, 혼수방, 노래방, 놀이방, 빨래방, 공부방, 커피
       방, 농방, 비디오방, … (새로운 형태의 영업소)

  (9)의 '나도'는 '대명사＋조사'가 형태구조화하고 '–과 비슷한 종류의'
라는 의미의 변화를 겪어 후행 성분인 식물의 이름과 합성명사를 형성하
므로 파생접두사처럼 기능한다고 볼 수 있다.[41] 이에 김창섭(1996: 21)에
서는 본래의 형식과 의미에 대한 화자의 강한 의식 때문에 국어사전류에
서 접두사로 처리한 예가 없다고 하여 단어와 접사의 중간적 성격을 가진
요소로 보았다. 그러나 형태구조화, 의미 변화, 의미론적 제약 등이 파생
접사의 특성이라 한다면 '나도'를 파생접두사로 보아도 큰 문제는 없다.

  (10)의 '샘'은 '바위샘, 옹달샘'의 '샘'과 달리 '分泌腺'의 의미로 합성
명사 속에서만 발견되고, (11나)의 '자리'는 (11가)의 '자리'와 달리 '별자
리'의 의미로 합성명사에서만 나타나 독립된 명사로 기능하지 않는다고
볼 수 있다. 그러나 (10)의 '샘'은 '바위샘, 옹달샘'의 '샘'에서 의미가 전
이·확대되어 '몸속의 액체를 분비·배설하는 상피 조직성의 기관'을 이
르는 용어로 쓰였다고 볼 수 있고,[42] (11나)의 '자리'는 '이부자리, 잠자
리'가 절단되어 '방에 자리를 마련하다'의 '자리'로 쓰인 것과 마찬가지로
'별자리'가 절단된 형태로 볼 수 있어 (11가)의 '자리'와 다의어 관계에 있

---

41) '너도'도 마찬가지인데 위 (8)의 예처럼 '나도'와 '너도'가 같이 나타나는 경우와 '나
   도'만 나타나는 경우는 있으나 '너도'만 나타나는 경우는 없다. 이 둘과 결합한 합성
   명사는 모두 식물 명칭으로 고유명사이다.
42) 국립국어연구원의 '표준국어대사전'(이하 〈표준〉 사전)에는 이러한 '샘'을 의학 전문
   어로서 '腺' 동의어로 처리하였다.

는 것으로 판단된다.

한편 김창섭(1996: 32-33)에서는 원래의 '집' 의미와 유연성이 없고 독립된 명사로서의 사용이 불가능한 (12사)의 '집'(시집간 여자)은 파생접미사이나, (12마, 바)의 '집'(匣, 妾)은 특별한 문맥 속에서 독립된 명사로 쓰일 수 있지만 일반적으로 독자적인 의미를 가지고 합성명사 속에만 나타나는 단어형성 전용 요소라고 한다. 그러나 (12사)와 마찬가지로 (12바)의 '집'(妾)은 본래의 '집'과 의미의 유연성을 찾을 수 없고 독립적·자립적으로 쓰일 수 없으므로 파생접미사로 간주할 수 있지만, (12마)의 '집'(匣)은 '공간적 사물'로서 의미의 유연성 및 독립적 용법이 있다고 판단되어 어사 범주가 된다고 볼 수 있다.[43]

(13)의 경우, (13나)의 '방'이 '조선 시대에 있던, 시전(市廛)보다 작고 가가(假家)보다 큰 가게'를 뜻했더라도 합성 과정에서 '가게'의 의미만을 부각하여 어휘를 형성한 것과 마찬가지로 (13다)의 예들은 (13가)의 원의미를 가지고 있는 '방'에 의해 만들어진 商號 '아가방, 아씨방'에 유추하여 형성된 합성명사들로, (13가, 나)의 '방'의 의미가 '새로운 형태의 영업장소'라는 의미로 전이·확대된 것으로 판단된다.[44] 이 둘은 사이시옷 개재의 차이를 보이기도 하는데, 이는 각각의 구성 성분의 의미 관계 때문이다.[45]

---

43) 김창섭(1996: 32)에서 제시한 아래의 독립성 판단은 재고해야 한다. ⅰ)은 ('칼'이 먼저 제시되어 그렇다고는 하더라도) '칼을 잘 닦은 후 집에 잘 보관해라.'의 경우에는 정문이 되며, ⅱ)는 완전히 비문이다. ⅱ)의 '집'에서 '妾'을 유추하기란 쉽지 않다.

    ⅰ) ??이 칼은 어느 집에 넣을까?
    ⅱ) ??서울집과 전줏집 중 어느 집이 더 예쁘오?

    〈표준〉 사전이 우리와 같은 입장에서 기술되었는데, 거기에는 (11다, 라)(가게, 음식점·주점)에 대한 뜻풀이가 없어 아쉽다.

44) (13가)의 예 가운데 '가겟방'이 '가게로 차려 쓰는 방'이라는 의미와 '가게'라는 의미가 모두 가능하다는 것은 우리 주장의 방증이 됨직하다.

45) 자세한 논의는 4.2.2와 4.2.3에서 이루어진다. 우리는 '농ㅅ방'(재래식 가구점), '비

> (14) 가. 집터, 집세, 집사람, 집게, …
>
> 　　나. 집개미, 집모기, 집박쥐, 집쥐, 집파리, …(집에 사는)
>
> 　　다. 집돼지, 집괭이, 집토끼, 집오리, 집비둘기, 집누에, …(집에서 기
> 　　　르는)

김창섭(1996: 33-36)에서는 (14가, 나)와 달리 (14다)와 같이 '집에서 기르는'의 뜻을 나타내는 합성명사의 제1요소 '집'도 단어형성 전용 요소라고 하였는데, '집에서 기르는'과 같은 의미가 '집'의 의미에서 도출될 수 있는 것이 아님은 (14가, 나)도 마찬가지이다. 합성명사는 각각의 의미(속성)를 가진 두 구성 성분이 일정한 의미 관계를 가지고 결합하는 것이므로 (14다)를 전혀 새롭게 해석할 이유는 없다.[46]

그렇다면 다음의 예들은 어떻게 파악해야 하는가?[47]

> (15) 가. 소나기땀, 소나기술, 소나기밥, 소나기골, 소나기매, 소나기여행,
> 　　　소나기지원, … (한꺼번에 많이 치러 내는 일)

디오스방'(비디오 대여점)의 경우는 선·후행 명사가 〈용도〉의 의미 관계를 가지고 있는 것으로 보고, '농방'(새로운 형태의 가구점), '비디오방'(비디오 감상실)의 경우는 〈유형, 대상〉의 의미 관계로 본다.

46) 이와 관련하여 황화상(2001: 124-125)에서는 (14)의 형태 구조와 의미 구조의 대응 관계를 다음과 같이 설정하였다.

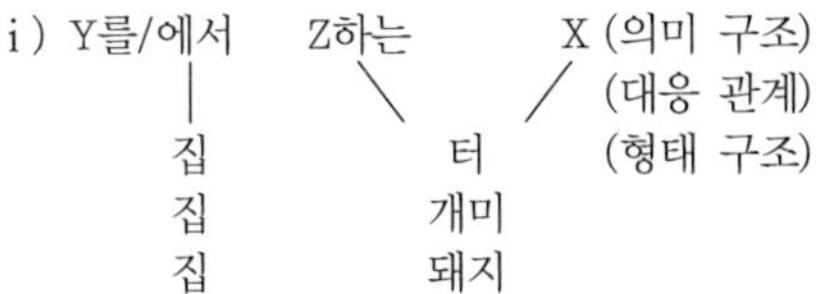

47) (15)는 김은혜(2001: 82-84)에서 합성명사 구성 성분들이 비유적 의미로 일관되게 사용되어 생산적인 결합을 보이는 경우를 든 예이고, (16)은 송원용(2001: 132-134)에서 의사 접사에 의한 의사 파생의 예로 제시한 것이며 (17)은 우리가 추가한 것이다. 한편 채현식(2000: 70)에서는 유추에 의한 어형성의 예로 '시네마천국, 비디오천국, 장남감천국, 팬시천국, 호프천국', '門지기, 山지기, 燈臺지기, 墓지기, 房지기, 山莊지기, 南山지기, 운동장지기, 별밤지기, 直指지기' 등을 들고 있다. '나라'도 이와 같은 모습으로 요즘 많이 나타난다(동화나라, 난쟁이나라, 강아지나라, 선물나라, 치킨나라).

나. 환경전쟁, 속도전쟁, 경제전쟁, 취재전쟁, 입시전쟁, 취업전쟁, 교
통전쟁, … (극심한 혼란 상태)

다. 밥주머니, 똥주머니, 병주머니, 고생주머니, 허영주머니, 심술주
머니, 슬기주머니, … (-로 가득한 사람)

라. 시험지옥, 입시지옥, 지옥취재, 지옥훈련, 지옥길, … (견디기 어
려운 상황)

마. 규제타령, 사랑타령, 꽃타령, 예산타령, 요금타령, 용돈타령, 돈타
령, 술타령, 차타령, 옷타령, 아가씨타령, … (자꾸 일삼아 되풀이
하는 일)

바. 산허리, 코허리, 말허리, 추녀허리, … (중간 부분)

사. 황금프로, 황금연휴, 황금시간대, 황금골목, 황금어장, 황금시장,
황금발, 황금염소, … (고가치)

아. 거품경기, 거품경제, 거품성장, 거품경쟁력, … (실속 없이 허황되
게 부풀려 놓은 상태)

자. 나비춤, 나비잠, 나비매듭, 나비넥타이, … (나비가 날개를 편 모양)

차. 나팔바지, 나팔벌레, 나팔버섯, 나팔꽃, … (한쪽 끝은 약간 좁고
나머지 한쪽은 넓게 벌어짐)

카. 도둑글, 도둑장가, 도둑숨, 도둑눈, … (남모르게 하는 행동)

타. 책상머리, 밥상머리, 관머리, 논머리, 밭머리, 글머리, … (앞, 시
작 부분)

파. 정보바다, 울음바다, 웃음바다, 눈물바다, 피바다, 불바다, 구름바
다, …(온통 내용물로 뒤덮이거나 내용물이 넓게 퍼져 있음)

하. 과외바람, 정치바람, 경쟁바람, 개혁바람, 개조바람, 개방바람, 웃
음바람, 선거바람, 민주화바람, 물갈이바람, … (급격하게 일고 있
는 기운)

갸. 송곳방석, 바늘방석, 가시방석, 돈방석, 꽃방석, … (입장, 처지).

냐. 빗방울, 땀방울, 물방울, 눈방울, 솔방울, 방울토마토, 방울집게,
방울떡, 방울눈, … (작은 구형)

댜. 공붓벌레, 일벌레, 책벌레, 돈벌레, 밥벌레, … (한가지 일을 지나
치게 열심히 반복함)

랴. 돈벼락, 물벼락, 벼락바람, 벼락부자, 벼락스타, 벼락인기, 벼락출
세, 벼락공부, 벼락소주, 벼락장아찌, 벼락김치, … (갑작스럽게 한
꺼번에 몰아 하거나 이루어진 행동)

먀. 흙탕물세례, 물세례, 오물세례, 술세례, 밀가루세례, 폭죽세례, 플
래시세례, 물병세례, 몽둥이세례, 총탄세례, 미사일세례, 원자탄

세례, 최루탄세례, 홍보세례, 물량세례, 선동세례, 칭찬세례, 질문
세례, … (내용물을 뒤집어쓰거나 내용물이 한꺼번에 쏟아짐)

(16) 가. 물고구마, 물병장, 물사마귀, 물방망이, …
　　 나. 고양이세수, 고양이걸음, 고양이밥, …
　　 다. 노루귀, 노루발, 노루걸음, 노루글, 노루잠, …
　　 라. 황소고집, 황소걸음, 황소바람, 황소울음, …
　　 마. 여우볕, 여우비, 여우콩, …
　　 바. 무당개구리, 무당거미, 무당게, 무당벌레, …
　　 사. 폭탄선언, 폭탄발언, 폭탄주, 폭탄증언, …
　　 아. 실개천, 실골목, 실구름, 실국수, 실눈, 실핏줄, 실뱀장어, 실눈
　　　　 썹, 실버들, …
　　 자. 총알택시, 총알인터넷, 총알격돌, …
　　 차. 송장메뚜기, 송장벌레, 송장하늘소, 송장헤엄치개, …
　　 카. 지각대장, 꾀병대장, 거짓말대장, 욕대장, 싸움대장, …
　　 타. 붓방아, 연필방아, 엉덩방아, 머리방아, …
　　 파. 넥타이부대, 오빠부대, 누나부대, 아줌마부대, …

(17) 가. 신랑감, 며느릿감, 사윗감, 장군감, … (자격을 갖춘 사람) ; 구경감,
　　　　 놀림감, 땔감, 양념감, 안줏감, 웃음감, 장난감, … (대상이 되는
　　　　 도구, 사물, 사람, 재료)
　　 나. 골칫덩어리, 심술덩어리, 애굣덩어리, … (어떤 성질을 가지거나
　　　　 어떤 일을 일으키는 사람, 사물)
　　 다. 열등생딱지, 총각딱지, 시보딱지, 계약직딱지, … (어떤 사물에 대
　　　　 한 평가나 인정)
　　 라. 교통망, 연락망, 점포망, … (조직, 짜임새)
　　 마. 사회물, 서울물, 외국물, 미국물, 농촌물, … (어느 장소에서의 경
　　　　 험이나 영향)
　　 바. 구김살, 주름살, 눈살, 이맛살, … (주름이나 구김으로 생기는 금)
　　 사. 교사상, 어머니상, 대통령상, … (모범, 본보기)
　　 아. 감마선, 엑스선, … (광선)

　　이들 모두를 단어형성 전용 요소로 봐야 하는가? 우선 (15나, 마, 아,
파, 하, 먀), (16사, 자, 카), (17다, 마)의 경우 대부분의 사전들에 합성

명사로 등재·등록되지 않은 것들인데 나머지 경우들과 다르게 볼 근거는 없다. 곧 (15), (16), (17)은 선행 성분과 후행 성분이 외연적·개념적 의미(원의)가 아닌, 괄호 안의 뜻풀이에서 확인할 수 있듯이 내포적·은유적 의미를 가지고 합성명사를 형성하기도 하고 명사구를 구성하기도 하는 것임을 보여 주는 예들로, 그 구성 성분은 본질적으로 형태론적 대상도 될 수 있고 통사론적 대상도 될 수 있는 형태·통사 단위인 어사 범주이다. 그 어사가 통사적 용법으로 쓰이는 경우와 형태적인 용법으로 쓰이는 경우가 다른 의미일 수 있으며, 특히 형태적인 환경에서 그 의미가 특수화되어 합성어의 구성 성분으로 쓰이는 경우 파생접사처럼 보이기도 하지만 (매우 특별한 상황이 아니라면) 동일한 대상을 그 환경·용법에 따라 달리 볼 필요는 없다.

결국 형태·통사 단위로서 기능한다기보다 형태 단위로서의 기능이 극대화된 경우라 할 수 있는 단어형성 전용 요소는 어근, 잠재어와 마찬가지로 어사의 또 다른 모습에 따른 명명이라 할 수 있다.

2.2.3 어사화와 접사화

우리는 사전의 구성 단위로 형태·통사 단위인 '어사(X^0)', 형태 단위인 '접사(X^{-1})' 그리고 통사 단위인 '어사(소)구(X^1/X^2)'를 설정하였다. 그런데 언어는 역동적이고 유동적인 성격을 가지고 있어서, 특히 언어 형태인 경우 고정된 지위를 가지고 사전에 존재하는 것은 아니다. 지금까지 이러한 언어 현상을 포착하여 어휘화와 문법화라는 기제로 기술·설명하려는 노력들이 있어 왔다.

일반적으로 어휘화(Lexicalization)라 함은 두 가지 의미로 쓰인다. 김성규(1987: 23), 송철의(1992: 32), 하치근(1992)에서는 어떤 복합어가 통시적으로 음운론적, 형태론적, 의미론적 변화를 입어 공시적인 규칙으로 생성할 수 없게 되는 경우를 의미하고,[48] 박진호(1994: 13), 구본관(1998: 29), 송원용(1998: 26)에서는 가능어·임시어 지위의 요소나 어휘부 밖에 존재하는 요소가 어휘부에 등재되는 현상을 뜻한다.[49][50] 우리는 후자의 관점에서 논의하기로 한다.

한편 문법화(Grammaticalization/Grammaticization)[51]는 어떤 구체적·지시적인 의미를 가지고 있던 어휘 형태가 의미가 확장되면서 본래의 대상적 의미를 상실하여 추상적·심리적인 의미를 가지고 문법 기능을 하는 경우를 이른다.[52] 우리는 조사화(교착접사화)·파생접사화만을 논의 대상으로 삼는다.[53]

---

48) 이 경우의 어휘화는 생성 행태론에서 통시적 변화의 흔적을 공시적 기술에서 다루기 위한 하나의 방편이다(Bauer(1983: 50), 송철의(1992: 44)). 한편, 생산성이 파생어 형성 규칙이 공시적으로 죽은 규칙인지 살아 있는 규칙인지 하는 문제와 관련된다는 Bauer(1983) 견해에 따라 고재설(1993: 36)은 '어휘화'를 규정하는데, 결국 위의 어휘화 개념과 다르지 않다. 이러한 어휘화에 대하여 구조주의 형태론에서는 이기문(1972: 145-146)의 '화석화', 허웅(1985: 141)의 '홀낱말 되기'라는 용어로 일부 다루어졌다.

49) 박진호(1994: 13)에서는 어휘화를 규약화(conventionalization)와 원자화(atomization)로 나누어, 규약화는 임시 통자원자가 자주 쓰임에 따라 언중의 승인을 얻어 어휘부에 등재되는 현상이고, 원자화는 통사적 구성이 자주 쓰임에 따라 하나의 통사원자로 굳어지는 현상이라고 하였다. 구본관(1998: 29)는 박진호(1994)의 규약화를 어휘화라고 규정한다.

50) 이와 관련하여 김창섭(1996: 25-26)에서는 구 자체가 단어로 재분석되어 단어의 자격을 가지게 되는 경우를 '구의 단어화'라고 지칭하면서, 이는 계층구조상의 변화로서 '[입때/접때]Adv(←[이/저+째]AdvP)'와 같이 통시적 과정일 수 있고, '[[스승의 날]NP]N', '[[아가방]NP]N'처럼 공시적인 과정일 수 있다고 한다.

51) 'Grammaticalization'과 'Grammaticization'을 모두 문법화로 번역할 수 있는데, 기본적인 의미차이는 없지만 'Grammaticalization'은 문법적 형태소에 대한 역사적 전망을 강조한 반면, 'Grammaticization'은 공시적 관점에서 지속적으로 범주나 의미가 변화하고 있다는 암시가 강하게 들어 있다고 한다(안주호(1997: 16)).

52) 안주호(1997)에서는 명사의 문법화 현상을 다루면서 '자립적 어휘소〉의존적 어휘소〉접어〉어미·조사·접미사'의 문법화 3단계 과정을 가정한다. 문법화 1단계는 자립명사의 의존명사화 단계이고(예: 터, 길, 데), 문법화 2단계는 접어화 단계이며(예:-ㄴ법, -어 갖고), 문법화 3단계는 어미·조사·접미사화 단계이다(예:-ㄹ걸, -ㄹ게, -ㄹ테-, -은데, 대로, 만, 뿐, 쯤).

이러한 어휘화(또는 구의 단어화)와 문법화에 대한 논의는 우리의 관점에서는 통사 범주의 층위 변화로 이해된다. 즉 사전의 구성 단위인 어휘를 중심으로 형성적 관점이 아닌 분석적 관점에서 통사 단위인 구와 형태 단위인 파생접사가 형태·통사 단위인 어사로 그 기능을 달리하는 경우와, 형태·통사 단위인 어사나 교착접사가 형태 단위인 파생접사로 기능이 바뀐 경우로, 통사 범주의 변화가 아니라 그 통사 범주의 층위 변화로 설명할 수 있다. 이에는 어사(소)구와 같은 구 구성이 어사로 층위 변화를 하는 경우도 있고 파생접사가 어사로 층위 변화를 하는 경우도 있으며, 또한 어사나 교착접사가 파생접사로 층위 변화를 하는 경우도 있는데, 우리는 전자를 어사화(Lexicalization)라고, 후자를 파생접사화(Affixalization)라고 부르고자 한다. 즉 어사화는 X^1의 X^0화이거나 X^{-1}의 X^0화이며, 파생접사화는 X^0의 X^{-1}화이다.[54]

---

53) 안주호(1997)의 논의에 따르면 문법화 3단계의 종결어미화, 선어말어미화, 연결어미화는 '-ㄹ걸, -ㄹ게, -ㄹ테-, -은데'처럼 '-ㄴ/ㄹ+의존명사'의 문법화로, 조사화나 접미사화와는 다른 접근이 필요하다고 본다. 전자는 두 형태가 하나의 기능을 하기 위해 변화를 겪은 것이지만 후자는 한 형태가 기능을 달리하기 위해 변화를 겪은 것이다.

54) 어사(소)구의 어사화, 즉 X^1의 X^0화는 논외로 한다. 어사화, 파생접사화는 통시적으로나 공시적으로 일어나는 통사 범주의 층위 변화 현상을 모두 포함하는 것으로, 우리는 많은 예들이 층위 변화라는 가능성 있는 체계 내에서 통합적으로 설명할 수 있다고 보고 그 일면을 간략히 살펴보고자 한다. 그런데 언어 현상을 보면 통사 범주의 층위 변화뿐만 아니라 일반적으로 품사 통용(Conversion)이라고 알려진 통사 범주 자체의 변화도 있다. 품사 통용이란 동일한 형태의 어휘가 의미상의 관련성을 유지하면서 상이한 통사 범주로 기능하는 경우로, '정말, 잘못, 진짜, 가로, 가까이, 밤낮, 어제, 오늘, 내일, 다, 모두, 조금, 스스로, 서로' 등의 '명사-부사 통용', '가물-:가물, 신-:신, 띠-:띠, 뭉치-:뭉치, 배-:배, 빗-:빗' 등의 '동사-명사 통용', '낮추-:낮추, 내리-:내리, 늦추-:늦추, 더디-:더디, 느리-:느리' 등의 '동사-부사 통용'이 있다.(형용사를 상태동사로 보아 동사의 하위 범주로 파악하는 우리는 '크-, 붉-, 길-, 밝-, 늦-, 굳-, 고르-' 등을 '동사-형용사 통용' 곧 통사 범주 변화가 아닌, 동사의 의미 자질 변화로 해석한다.) 한편 '만큼, 만, 뿐, 대로'는 의존명사와 보조사(명사구 교착접사)의 기능을 모두 보이는데, 이 경우는 '품사 통용'과 마찬가지로 통사 범주 층위가 변화한 것이 아니라 N^0가 P^0(또는 H^0)(임동훈(1991), 서정목(1993), 임홍빈(1999))로 통사 범주 자체가 변화한 것이라 할 수 있다. 이렇게 통사 범주의 층위 변화와 통사 범주 자체의 변화를 아우를 수 있는 개념 설

(1) 어사화

어사화의 예로는 상태동사를 형성하는 파생접미사 '-답-'과 명사를 형성하는 파생접미사 '-的'의 경우를 들 수 있다.

> (18) 가. [꽃]답다, [정]답다, [참]답다, [실]답다, [아름]답다
> 나. 국화는 [가을에 피는 꽃]답게…
> 나'. 그는 [국어학을 연구하는 학자]답다.
>
> (19) 가. 國民-的, 靜-的, 美-的, 學問-的
> 나. 그것은 [음운론 및 통사론]적 문제이다.
> 나'. 형태론은 [음운론과 통사론의 중간 분야]적인 성격을 가진다.

(18가)의 '성질이나 특성이 있음'의 뜻을 나타내는 '-답-'은 핵으로서 명사 어사를 보충어로 취하는, 현대국어에서는 생산성이 인정되기 어려운 파생접미사 V^{-1}이다. 그러나 (18나, 나')의 '-답-'은 구 구성과 생산적으로 결합하여 상태동사구를 형성한다는 점에서 (18가)와는 다른 성질의 것이다. 김창섭(1984, 1996)에서는 (18나, 나')의 '-답-'이 '-이-'와 '같-'과 비슷한 성격을 보이면서 어형성의 기능을 하지 않는다고 하여 의존형용사 곧 의존상태동사 V^{0}로 보았다. (19가)의 '그 성격을 띠는, 그에 관계된, 그 상태로 된'의 뜻을 나타내는 '-的'은 일반적인 의미에서의 파생접미사 기능을 가진 것이나 (19나, 나')의 '-的'은 명사구와 통합하여 더 큰 명사구를 만들며 어형성의 기능을 가지지 않는 형식명사 N^{0}로 볼 수 있다(김창섭(1996: 164)). 결국 '-답-'과 '-的'은 어형성에 참여하는 파생접미사(X^{-1})로서 기능하기도 하나 구 구성과 결합하는 어사(X^{0})로의 기능 또한 수행하기도 한다.[55)]

정도 필요하다고 보는데, 이는 다음으로 미루고 충위 변화의 유형을 제시하여 간단히 살펴보기로 한다.

한편 '꾼'은, (20가)에서는 '어떤 일을 전문적으로 또는 습관적으로 하는 사람', 또는 '어떤 일로 모인 사람'을 뜻하는 접미사로 N^{-1}인데, (20나, 나')에서는 '어떤 일에 능숙한 사람'을 속되게 이르는 말로서 명사의 기능을 한다. 즉 N^{-1}이 N^0로 층위만 변한 경우인데, (21)의 '꾸러기'도 마찬가지이다.

<blockquote>

(20) 가. 나무꾼, 노름꾼, 사냥꾼, 사기꾼, 주정꾼, 구경꾼, 일꾼
　　　나. 낚시 대회에 꾼들이 모두 모였다.
　　　나'. 노름판에 살더니 꾼이 다 되었다.

(21) 가. 장난꾸러기, 욕심꾸러기, 잠꾸러기, 말썽꾸러기, 걱정꾸러기
　　　나. 꾸러기 대행진
　　　나'. 놀이방에 꾸러기들이 다 모였다.

</blockquote>

(2) 접사화

다음은 접사화의 경우로, '맞/박/붙-(V^0)+-이(N^{-1})'의 파생명사 어사 N^0가 새로운 의미를 획득하여 접미사 곧 N^{-1}이 된 것들이다. 즉 (22가)의 '맞이'는 '어떠한 날이나 일, 사람, 사물 따위를 맞음'의 의미로, (22나)의 '박이'는 '무엇이 박혀 있는 사람이나 짐승, 물건 또는 장소'의 의미로, (22다)의 '붙이'는 '같은 겨레 또는 어떤 물건에 딸린 같은 종류'의 의미로 파생접미사로 기능한다고 볼 수 있다.

<blockquote>

(22) 가. 달맞이, 손님맞이, 추석맞이
　　　나. 점박이, 금니박이, 네눈박이, 차돌박이, 장승박이, 붙박이
　　　다. 살붙이, 피붙이, 일가붙이, 쇠붙이, 금붙이, 고기붙이

</blockquote>

---

55) 임홍빈(1989)는 이러한 '-답-'과 '-的'을 '-들, -끼리' 등과 같이 '통사적 파생'이란 이름으로 조사나 어미와 함께 다루었는데, 파생의 개념을 수정하거나 파생접사와 교착접사의 근본적인 차이를 무시해야만 그 타당성을 얻을 수 있어 우리로서는 받아들이기 어렵다.

이 외에도 (23)과 같이 '내기', '치레' 등이 있는데 각각 '나-(出)(V^0)+
-기(N^{-1})', '치르-(V^0)+-에(N^{-1})'의 파생명사가 파생접미사로 쓰인다.[56]
또한 (24)에서와 같이 명사 어사 '대가리', '딱지', '머리', '바가지' 등이
'비하'의 의미를 가지고 파생접미사가 된 경우도 있다.[57]

    (23) 가. 서울내기, 시골내기, 신출내기, 여간내기, 풋내기, …
         나. 손님치레, 병치레, 겉치레, 말치레, 인사치레, …

    (24) 가. 맛대가리, 멋대가리, 재미대가리, …
         나. 고물딱지, 심술딱지, 화딱지, …
         다. 싹수머리, 안달머리, 인정머리, 주변머리, 주책머리, …
         라. 고생바가지, 주책바가지, …

이렇게 어사에서 파생접미사로 층위 변화를 겪은 것과 달리 교착접사
가 파생접미사로 층위 변화를 한 경우가 있다. '-(으)ㅁ', '-기'는 명사형
어미 우리의 용어로 명사 문연결 교착접사인 동시에 보충어로 동사를 취
하여 명사를 형성하는 파생접미사 기능을 하기도 한다.

    (25) 가. 가르침, 걸음, 느낌, 모임, 물음, 믿음, 싸움, 그림, 얼음, 튀김,
           잠, 꿈, 삶, 웃음, 굶주림, 보살핌, 간지럼, 그리움, 무서움, 미움,
           슬픔, 기쁨, 책받침, 눈가림, 산울림, 말다툼, …

---

56) '소매-치기'에서 유래한 '車-치기'(자동차를 행인 옆으로 스쳐 몰아 차 안에 탄 채
   로 행인의 핸드백이나 물건을 채 가는 일. 또는 그런 짓을 하는 사람), '오토바이-
   치기'의 '치기'와, '안경쟁이'(안경을 쓴 사람을 낮잡아 이르는 말)와 동일한 의미·
   형태 구조를 가진 '안경-잡이'나 '어정-잡이'(겉모양만 꾸미고 실속이 없는 사람이
   나 됨됨이가 조금 모자라 자기가 맡은 일을 제대로 처리하지 못하는 사람)의 '잡이'
   도 이와 같이 파생접미사로 볼 수 있다.
57) 한편 동사 어사 '당하다'는 '피동'의 의미를, '시키다'는 '사동'의 의미를 가지고 접미사처
   럼 쓰이는 경우도 있다. 이를 파생이 아닌 합성 관계로 본 것은 허철구(1998)이다.

     i) 가. 당하다: 거절당하다, 무시당하다, 이용당하다, 체포당하다, 혹사당하다, …
       나. 시키다: 교육시키다, 복직시키다, 오염시키다, 취소시키다, 화해시키다, …

나. 철수가 빨리 걸음은 지각하지 않기 위해서다.
나'. 그들이 크게 싸움은 모두 그녀 때문이다.
나". 아버지는 철수가 공부를 잘함을 대견스럽게 생각하신다.
나"'. 어머니는 철수가 큰 사고를 쳤음을 직감했다.

(26) 가. 밝기, 크기, 굵기, 빠르기, 세기, 기울기, 달리기, 던지기, 쓰기,
　　　　읽기, 더하기, 누르기, 보기, 글짓기, 김매기, 줄넘기, 숨쉬기, 소
　　　　매치기, 양치기, 가로쓰기, 마주나기, 이어달리기, …
　　　나. 철수가 빨리 달리기에서 꼴찌를 했다.
　　　나'. 그녀는 선생님께 혼나는 철수가 보기에 민망했다.
　　　나". 철수는 할아버지께서 건강하시기를 빈다.
　　　나"'. 어머니는 철수가 시험에 합격했기를 고대하셨다.

파생접미사로 쓰인 (25, 26가)와 달리 (25, 26나, 나', 나", 나"')의 '-(으)ㅁ', '-기'는 통사적으로는 보문소(COMP)이면서도 명사문을 만드는 기능을 하는 어사적 성격을 가지고 있다. 즉 동사구 교착접사 중 선문미 교착접사인 '-시', '-었-', '-겠-', '-습니-'나 같은 문미 교착접사지만 문종결 교착접사인 '-다', '-까', '-라', '-자' 등이 통사 기능 범주 'HONOR, TENSE, MODAL, FINAL' 등을 나타내는 것과는 달리 '-(으)ㅁ', '-기'는 통사 기능 범주이면서도 명사(N^0)인 통사 어휘 범주이기도 하다. 결국 '-(으)ㅁ', '-기'는 N^0와 N^{-1}의 특징을 모두 가지고 있다 하겠다.

또한 상태동사를 보충어로 취하여 부사를 형성하는 파생접미사 '-이/-히'(ADV^{-1})는 15세기 국어뿐만 아니라 현대 국어에서도 구 구성에 붙어 부사구를 만드는 교착접사(ADV^0)로 쓰인다. (27가)는 파생접미사, (27나, 나', 다, 다', 다", 다"')은 교착접사이다.[58]

---

58) 남기심(1985), 박석문(1993) 등에서는 부사형어미 곧 부사 문연결 교착접사인 '-게'가 파생접미사로 기능하는 경우도 있음을 주장하였다. 그렇다면 '-게'도 접사화의 한 예라 할 수 있다.

(27) 가. 같이, 길이, 높이, 달리, 많이, 빨리, 경사로이, 외로이, 걱정스러이,
　　　즐거이, 슬피, 배불리, 재빨리, 남부끄러이, 수많이, 열심히, 조용
　　　히, …
　　나. 玉盞애 수를 몰가 맛 업시 너기ᄂᆞ니〈두시언해초 7:25〉
　　나'. 열 가짓 달이 나는 거시〈능엄경언해 1:47〉
　　다. 풍선이 하늘 높이 떠올랐다.
　　다'. 아무 계획도 없이 철수는 여행을 떠났다.
　　다". 우리의 예상과 달리 철수가 시험에 떨어졌다.
　　다"'. 앞에서 밝힌 바와 같이 그것은 사실과 다르다.

결국 '-(으)ㅁ', '-기', '-이/-히' 등은 $X^0(N^0, ADV^0)$와 $X^{-1}(N^{-1}, ADV^{-1})$의 변화 유무에 의해 교착접사와 파생접사로 구분됨을 알 수 있다. 이상의 현상에 대하여 많은 논의들이 있었으나,[59] 우리는 어사의 파생접사화와 마찬가지로 교착접사의 파생접사화가 단지 같은 성질의 통사 범주가 층위만 변화한 것임을 포착하여 통합적으로 논의할 수 있다고 본다.

2.3 어형성 기제로서의 규칙

어떤 네 살배기 아이가 길거리에서 수박을 싣고 팔고 다니는 차를 보고 "수박차다!"라고 외쳤다. 사전에 실려 있지도 않고 따로 습득하지도 않은 어휘인데도 너무도 쉽게 그 대상을 보고 합성명사 '수박차'를 만들어 쓴 것이다. 이를 들은 어느 누구도 이해하지 못하는 경우는 없다. 즉 인간은 어휘 형성 능력과 어휘 이해 능력을 모두 가지고 있는 것이다.

---

59) '-(으)ㅁ', '-기', '-이/-히'에 대한 자세한 논의는 이승욱(1989), 임홍빈(1989), 송철의(1992), 김창섭(1993), 이재인(1993), 고재설(1993), 시정곤(1994), 구본관(1998) 등을 참조하라.

‘수박차’는 이 외에도 ‘수박 모양의 차’, ‘수박으로 만든 차’ 등의 의미로도 가능한데, 이는 합성명사를 만들어 사용하는 데에는 분명 그 범위가 한정될 수 있음을 의미한다.

언어학자 특히 어형성을 연구하는 학자라면 존재하는 어휘, 존재 가능하지만 실재하지 않는 어휘, 존재할 수 없는 어휘, 존재할 수 없다고 생각되지만 존재하는 어휘 등을 포괄하여 설명할 수 있어야 한다. 이는 어형성 연구의 궁극적인 목표가 어형성에 대한 모국어 화자의 공시적인 언어 직관을 적절하게 설명하는 것이고, 존재하는 어휘뿐만 아니라 그 외의 경우 또한 설명 및 예측하는 것이기 때문이다.[60]

이에 우리는 앞에서 상정한 사전과 더불어 형태부 곧 어형성부를 가정한다. 형태부(어형성부)는 사전 밖에서 사전과 상호의존적인 관계에 있는, 또 다른 독자적인 문법 부문인데, 사전에 있는 어사와 어사, 어사와 파생접사의 결합으로 새로운 어사를 형성하는 합성어 형성 규칙과 파생어 형성 규칙 같은 어형성 규칙으로 조직된다.[61] 그런데 어형성 규칙은 새로운 어휘를 만드는 기능뿐만 아니라 이미 만들어진 어휘의 구조를 설명하는 기능도 함께 갖는다. 왜냐하면 화자는 비록 처음 듣는 생소하고 복잡한 구조의 어휘라 하더라도 자신이 습득한 어형성 규칙에 따라 그 구조를 분석하여 뜻을 이해하는 능력을 가지고 있기 때문이다(송철의(1992: 89-90)). 생성 형태론에서는 기존의 어휘를 분석하는 규칙을 잉여 규칙(redundancy rule)이라 부르기도 하는데,[62] 어형성 규칙이 이러한 잉여 규칙으로서의

---

60) 이와 관련하여 우리가 간과해서는 안 되는 문제가 있다. 어형성은 어떤 대상 즉 내용에 대한 형식을 만드는 절차로 그 의미를 가장 적절하게 표현하면서도 가장 간단한 형태를 선택하려는 노력의 결과에 따른 것이다. 그러면서도 예측할 수 없는 형태가 존재하는 것은 기계가 아닌 인간이기에 가능한 것으로 이 또한 인간의 언어 능력의 일부라고 할 수 있다.

61) Aronoff(1976) 이후 형태부는 주로 한 언어의 잠재적인 복합어(complex word)의 형성을 다루는 부문으로, 실재하는 어휘 항목들을 목록화·배열화한 부문인 사전과 다르다고 본다.

기능도 하는 것이다. 또한 어형성 규칙에는 음운·형태·통사·의미론적
제약이나 저지(blocking) 같은 입·출력 제약과 그 구성 성분 사이의 가능
한 의미 관계도 포함된다. 결국 어형성 규칙은 (28) 같은 일반적인 합성
어·파생어 형성 규칙과 (29) 같은 개별적인 합성어·파생어 형성 규칙
이 있다.

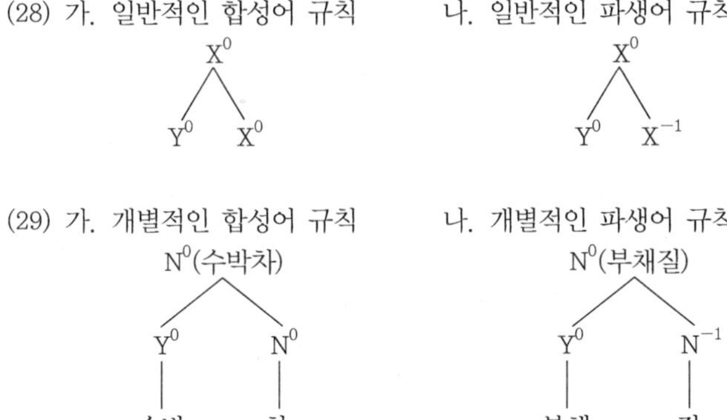

그런데 어형성은 이러한 규칙에 의해서만 이루어지는 것이 아니라 비
규칙적인 방법인 유추에 의해서도 가능하다. Bauer(1983: 96)에서는 유추
적 형성이란 이미 존재하는 어휘를 모델로 하여 새로운 단어를 형성하는 것
으로, 생산적인 일련의 것을 만들지는 않는 것이라고 하고, 그 예로 'land-
scape'를 모델로 하여 'seascape, cloudscape, skyscape, waterscape,
dreamscape, winterscape, wirescape' 등이 형성되는 것을 들고 있다
(고재설(1993: 126)). 국어에도 이러한 유추에 의해 형성되는 예들이 발견되

---

62) Jackendoff(1975)에서는 모든 어휘가 사전(어휘부)에 들어 있으며 어휘들 간의 관
   련성은 사전의 잉여 규칙으로 포착될 수 있다고 하고, 새로운 어휘의 형성도 이 잉
   여 규칙에 의해 이루어진다고 보았다. 이와 달리 Aronoff(1976)에서는 어형성 규칙
   을 기존의 어휘를 분석하는 일종의 잉여 규칙으로 사용할 수 있다고 하였다.

는데, 일례로 '고등학생'을 뜻하는 속어 '고딩'에 유추되어 '중딩, 대딩, 초딩'이 생겨나고, 학생이 아닌 '직장인'에까지 확대되어 '직딩'이 생겨나기도 한다.63)

최근 Bybee(1985, 1988) 이후 임지룡 외 역(1993), 박진호(1994), 송원용(1998, 2001), 채현식(1999, 2000) 등은 이러한 불규칙적이고 개별적인 어형성 기제인 유추적 방법을 확대 적용하여 어형성 규칙의 대안으로 삼고자 하였다. 이들은 연관주의(Connectionism) 입장에 서서 사전(어휘부)에 있는 실재어들 사이의 관련성에 의한 유추의 틀(pattern)을 통해 어휘가 형성되므로 그 새로운 어휘는 사전에 저장되어 있는 실재하는 어휘들과 뗄 수 없는 관련을 맺고 있다고 한다. 즉 사전 안에서 형태적·의미적 연결망 조직을 이루고 있는 어휘들이 어형성 과정에도 일정한 영향력을 발휘하여 새로 형성된 어휘가 고립된 채 등재되지 않고 기존의 형태적, 의미적 연결망 조직 속으로 들어가 다른 어휘와 연결을 이룸으로써 그 계열체의 새로운 구성원이 되고 그럼으로써 그 조직을 확대하기도 한다는 것이다(채현식(2000: 41)).64) 우선 채현식(2000: 71-76)에서는 유추에 의한 어형성을 (30)과 같이 셋으로 분류하면서 불규칙하고 고립적인 유추의 예와 개별적 단어에 의한 유추의 예로 각각 (31)과 (32)를 제시한다.65)

---

63) 김창섭(1996: 15-16)에서는 유추의 예로 '눈:눈치=코:X(코치)', '내국:외국=내과:외과=내향성:외향성⋯⋯=X(내국인):외국인'을 들고 있다.

64) 생성 형태론 이후 어형성 과정이 공시적인 성격을 갖는다고 보는 것이 일반적인데, 위의 논자들은 어형성 과정이 본질적으로 통시적인 성격을 갖는다고 한다. 즉 어형성 과정에서 형성된 결과물은 필연적으로 어휘부의 확장을 가져오고 이는 화자의 문법 변화, 언어 지식 변화를 일으키므로 어형성은 본질적으로 통시적인 과정이라는 것이다(박진호(1994: 10), 송원용(2001: 46)). 그러나 이호승(2001)에서 지적한 바와 같이 화자의 '문법 변화'가 '어휘체계의 변화'라면 어휘부 저장 이후의 일이므로 어형성 과정의 공시적 성격을 부정하는 근거가 될 수 없으며, 송원용(2001)에서 주장한 미시적인 차원에서의 통시적 어형성 과정은 거시적인 차원에서의 공시적인 어형성 과정의 일부에 대한 언급일 뿐이므로 국어 화자의 어휘 형성 능력과 분석 능력, 실재어를 포함한 가능어·잠재어의 형성 원리를 포착하는 어형성 연구의 본질에 있어서 어형성 과정은 넓은 의미로 공시적인 성격을 갖는다고 할 수 있다.

(30) ┌ 표면적 유사성에 기초한 유추 – 불규칙하고 고립적인 유추
     └ 구조적 유사성에 기초한 유추 ┌ 개별적 단어에 의한 유추
                                   └ 유추의 틀에 의한 유추

(31) 가. 내:내숭 = 외:X(외숭)
     나. 맞:맞벌이 = 세:X(세벌이)
     다. 文:글:문맹 = 컴:컴퓨터:X(컴맹)
     라. 恐:恐妻:공처가 = 등:등쳐(먹-):X(등처가)
     마. 롱(long):롱다리 = 籠:X(농다리)
     바. 新:신세대 = 쉰:X(쉰세대)

(32) 가. 팔찌 → 귀찌, 목찌
     나. 약발, 화장발 → 옷발
     다. 쌍끌이 → 외끌이
     라. 새우깡 → 고구마깡, 감자깡, 양파깡
     마. 낯설다 → 귀설다
     바. 벼락치기 → 當日치기, 分치기, 初치기

　　불규칙하고 고립적인 유추 (31)은 표적(target) 단어와 근거(source) 단어 사이의 구조적 관계는 무시된 채 단어의 형식과 의미의 표면적인 유사성에 기댄 경우이고, 개별적 단어에 의한 유추 (32)는 표적 단어가 근거 단어와 내적 구조가 같아 구조적인 공통성을 찾을 수 있는 경우이다. 이는 앞에서 제시한 'landscape'나 '고딩'류로 규칙을 기반한 논의에서도 이러한 경우는 유추로 파악하고 있다(김창섭(1996: 15-16)). 한편, 채현식

---

65) 채현식(2000: 76)에서는 아래와 같은 유추적 단어 형성 과정을 설정한다.

　　ⅰ)·가. 표적(target)의 확인: 해결해야 할 표적을 확인한다.
　　　　나. 근거 단어(source word)의 탐색: 어휘부에서 표적 단어의 문제를 해결하는 데 근거로 이용될 수 있는 단어(들)를 찾는다.
　　　　다. 근거 단어와 표적 단어의 비교·정렬: 근거 단어와 표적 단어를 비교·정렬해서 구조적 공통성을 포착한다.
　　　　라. 근거 단어의 구조적 관계를 표적 단어에 寫像: 근거 단어에서 포착된 구조적인 관계를 표적 단어에 적용한다.

(2000)은 구조적으로 유사한 단어들이 계열체를 형성하여 그 계열체로부터 추상된 하나의 구조적 틀이 새로운 단어를 형성하는 유추의 기반이 되는 경우가 있다고 하여 다음을 들고 있다.

> (33) 가. 단팥빵, 크림빵, 모카빵, 호박빵, 계란빵, 옥수수빵
>   나. 곰보빵, 국화빵, 붕어빵, 바나나빵, 스틱(stick)빵, 맘모스빵
>
> (34) 가. 모자걸이, 족자걸이, 턱걸이, 발걸이, 팔걸이, 연장걸이, 등잔걸이, 징걸이
>   나. 귀걸이, 목걸이, 코걸이, 가슴걸이, 벽걸이, 못걸이

(33)은 '명사＋빵'의 동일한 내부 구조를 가지나 구조적 관계에 따라 각각 [N(재료)－빵]N(가), [N(형상)－빵]N(나)이라는 틀이 형성, 이 틀에 의해 새로운 단어가 형성되고, (34)도 각각 [N(거는 대상, 물건)－걸이]N(가)과 [N(거는 장소, 위치)－걸이]N(나)이라는 틀에 의해 새로운 단어가 형성된다는 것이다. 이는 규칙과 입·출력 제약, 잉여 규칙 그리고 구성 성분 간의 의미 관계를 유추의 틀과 근거 단어 탐색 등의 장치 및 과정으로 설명하는 것으로, 본질적으로 (29가)의 개별적인 합성어 규칙과 큰 차이가 없다.[66] 즉 기존의 단어를 통해서 임시적으로 만든 유추의 틀은 개별적인 규칙과 크게 다른 모습일 수 없다. 또한 유추의 틀을 제공하는 어휘들의 형성 절차와, 전혀 경험하지 못한 새로운 어휘를 만들어낼 수 있는 인간의 선천적·원초적·선험적인 능력과 기존의 어휘를 분석·이해·해석하여 새로운 어휘를 만든다는 인간의 후천적·귀납적·경험적 능력을 모두 고려한다면 유추의 틀은 결국 어형성 규칙의 일면에 해당한다고 볼 수 있

---

66) 김창섭(1996: 14)에서는 어형성 기제로 '규칙'을 상정하면서 생산성이 낮아 소수의 형성 예를 보이는 경우 '유추'라는 기제를 이용하여 설명하고, 이 유추가 규칙으로 발달할 수 있다고 가정하고 있으며, 시정곤(1999: 277-281)에서는 실제로 유추의 틀과 어형성 규칙이 본질적으로 구별되지 않는다고 하였다.

다. 또한 채현식(2000: 46-57)에서 언급한 대로 생성력 차이, 규칙의 순환적 적용 여부, 적용 제약의 차이, 일반적인 규칙의 속성에 있어서 어형성 규칙은 통사 규칙과 분명한 차이를 보여 '한번 규칙이 적용되어 형성된 어휘는 사전(어휘부)에 등재되며 그 어휘를 사용할 때마다 새로 형성할 필요가 없다'는 단발규칙(once-only rule)을 그 특징으로 하는데, 통사 규칙보다는 공시적인 규칙성이 떨어지지만 어형성 과정에 있어서 어느 정도의 규칙성도 분명 존재하므로 어형성 규칙을 '규칙'으로 상정했던 생성 형태론의 기본 가정이 잘못된 것은 아닐 것이다.

제 3 장 국어의 명사와 관형 명사구

3.1 도입

앞에서 살펴본 바와 같이 형태·통사 단위인 어사는 통사부에서 자립적으로 쓰여 어휘 삽입 요소로 기능하는 통사 단위의 성격과 복합어의 구성 성분으로만 기능하는 형태 단위의 성격을 모두 가지고 있다. 이는 통사 단위나 형태 단위로 기능할 수 있는 어사 자체의 특성이 있음을 의미한다. 이 장에서는 명사 어사에 집중하여 우선 명사의 어휘 내항이 명사의 내적 정보 체계와 외적 정보 체계를 포괄하는 총체적인 어휘 정보 체계라는 전제하에 국어 명사의 의미 특성을 밝히고 상보적 대립을 통해 체계적으로 국어 명사를 의미 분류하여 유형화해 보고자 한다. 이러한 명사의 의미 특성과 분류는 이 장에서 다룰 명사구의 구성 성분 사이의 의미 관계나 다음 장에서 다룰 합성명사의 구성 성분 사이의 의미 관계를 파악하는 데 있어서 중요한 의미론적 역할을 한다. 한편 이 장 후반에서는 명사구 중 관형격 구성과 동격 구성을 관형 명사구라 칭하여 '의'의 실현 여부와 명사구의 구성 성분 간의 의미 관계에 따라 명사구 구조를 다르게 봐야 함을 제안한다.

3.2 국어 명사의 의미 특성과 의미 분류

3.2.1 국어 명사의 의미 특성

국어 명사는 형태·통사·의미 면에서 분명 동사, 관형사, 부사 등 다른 통사 어휘 범주와 다른 특성을 지닌다. 명사의 특성을 정리하면 다음과 같다.[67]

(1) 가. 사물의 개념을 나타낸다.
　　나. 활용을 하지 않는다.
　　다. 문장의 주어가 될 수 있다.
　　라. 조사와 결합할 수 있다.
　　마. 조사와 결합해서, 또는 조사 없이 문장의 여러 성분으로 쓰일 수 있다.
　　바. 관형어의 받침말이 될 수 있다.

(1가)는 명사의 지시적 특성을 고려한 의미적 특성이고, (1나)는 명사의 형태적 특성이며, (1다-바)는 명사의 통사적 특성이다. 그런데 전통 문법에서부터 일반적으로 받아들이는 명사의 정의이자 특성인 (1가)는 '빗질, 걸레질, 달리기, 쓰기, 건설, 출판', '전쟁, 지진', '화, 증오', '죽음, 해빙, 근대화', '점잖, 얌전, 호의적', '믿음, 정적, 피로', '아름다움, 중요성', '높이, 무게, 밀도' 등 행위, 사건, 감정, 과정, 태도, 상태, 속성, 크기 등의 명사 또는 '것, 바, 줄, 마리, 개, 명'의 의존명사와 '국제, 중요, 열심, 만무' 등의 명사류, 그리고 '인간적, 과학적, 경제적, 호의적, 적대적, 인적, 단적, 전적' 등의 '-적' 파생명사류를 고려하면 너무도 소

---

67) (1)은 최현배(1937/1982: 157-158), 허웅(1995: 228-233)을 중심으로 정희정(2000: 15)이 제시한 것이다.

박한 개념이라 할 수 있다(홍재성(2001)). 또한 (1나-바)는 생성 문법 관점에서 보면 모두 명사구의 특성이라 볼 수 있는데, 통사부에서 교착접사와 결합하거나 문장 성분으로 기능하는 층위는 통사 단위인 구이기 때문이다. 그래서 정희정(2000)에서는 명사구가 조사 없이 문장의 한 성분으로 쓰이거나 문형을 결정하고 문장에 어떠한 의미를 더해 주는 것은 명사의 통사적인 특성 때문으로, 이 통사적인 특성은 명사의 의미에 기인한다고 본다. 아래의 표는 명사의 의미와 그 의미로 인한 통사적인 특성을 명사가 가지는 (문법) 자질로 보고 그 관계 및 기능을 보인 것이다.(p.40)[68]

(2)	의미적 특성	자질	기능	예
	지시대상1(실체) 지시대상2(행위나 상태)	관형성 1	관형 기능	1. 학교, 아내, 여성, 가축, 회사, 영어, 고향, 미국, … 2. 결정, 처리, 진출, 제작, 부족, 참석, …
	지시대상2	서술성	서술 기능	결정, 처리, 진출, 제작, 부족, 만연, 참석, 공부, 입사, 진격, 작정, 명중, …
	지시대상1의 속성	관형성 2	관형 기능	거짓, 진짜, 보통, 예사, 기본, 근본, 원시, 절대, 여류, 기초, 다음, 제도적, …
	지시대상2의 속성	부사성	부사적 기능	1. 진짜, 절대, 거짓, 최대한, 조금, 다소, 잠시, 약간, 진정, 가로, 사실, 정말, 실상, … 2. 결정, 처리, 진출, 제작, 부족, 참석, 공부, …

---

68) 관형성1은 선행 명사(구)와 후행 명사(구)와의 의미 관계에 의해 선행 명사(구)가 통사적으로 드러내는 특성이고(예: '학교 운동장', '아내 손수건', '결정 과정', '처리 문제'의 '학교', '아내', '결정', '처리'), 관형성2는 지시대상1(실체)의 속성을 뜻하는 명사에 내재된 것으로 관형어 자리에서는 언제나 관형성을 통사적으로 드러내는 특성이다(예: '거짓 증언', '진짜 두부찌개', '보통 여자'의 '거짓', '진짜', '보통'). 자세한 논의는 정희정(2000) 참조.

			3. 째, 듯, 이상, 결과, 채, 다음, 양, 대로, 나머지, …
지시의미의 약화	문법 소성	문장 연결 기능	때, 듯, 이상, 결과, 관계, 마당, 참, 통, 김, 차, 덕분, 가운데, …
		양태 기능	모양, 듯, 법, 셈, 마련, …
		시상 기능	중, 길, 참, 차, …

한편, 임홍빈(1979)에서는 국어의 명사들이 '들'에 의해서 자유롭게 복수화되는 현상을 들어 '개체집합적인 類'로서의 특성을 지니고 있다고 하면서 그 자체가 복수성을 지니고 있는 것으로 파악하였다.[69] 그러나 '들'이 명사(N^0)가 아닌 명사구(NP)에 결합하는 요소라면[70] '개체집합적인 類'라는 것은 명사의 특성이 아니라 명사구의 특성이라 할 수 있으며, 여

---

69) 이남순(1982)는 임홍빈(1979)의 견해와 달리 국어의 명사는 그 명사가 가질 수 있는 외연들의 집합이 아니라, 이 외연들이 결과적으로 공유하게 되는 공통 개념을 나타낸다고 한다. 그러나 이 두 견해 모두 국어의 명사가 '類的, 種的, 個體的' 의미를 동시에 갖고 있다는 것이다(최경봉(1998: 57)).

70) '들'의 범주에 대한 논란은 아직까지 해결을 보지 못하고 있다.

    ⅰ) 가. 사람들, 학생들, 그들, 너희들, 사건들
       나. 이 방에서 텔레비전을 보고들 있어라.
       다. 책상 위에 놓인 공책, 신문, 지갑들을 가방에 넣어라.

고영근(1989/1999: 514)에서는 ⅰ가)의 '들'을 접미사로, ⅰ나, 다)의 '들'을 보조사로 처리하였고, 김계곤(1996: 76), 허웅(1995: 1401-1405), 남윤진(2000: 128)은 ⅰ) 모두를 보조사(도움토씨)로 보았으며, 임홍빈(1989/1998: 50)에서는 통사적 접미사로 처리하였다. 한편 ⅰ가)의 '들'에 대해서 구본관(1999: 3-4)는 句를 어기로 가질 수 있어 통사론적 기준을 어기고 새로운 단어를 형성해야 한다는 조어론적 기준도 만족시키지 않으므로 파생접미사에서 제외하였는데, 이에 반해 송원용(2001: 170-177)에서는 ⅰ가)의 '들'을 고영근(1989/1999: 514)와 같이 선행 성분을 복수화하면서 형태론적 구성을 이룬다고 보고 임시어 형성 접미사로 주장하였다. 〈표준〉 사전에서는 ⅰ가)의 '들'을 접미사로, ⅰ나)의 '들'을 보조사로, ⅰ다)의 '들'을 의존명사로 처리하였다. 우리는 선행 성분이 모두 통사적 구성에 결합하는 요소라 보고 ⅰ가), ⅰ나)는 보조사로, ⅰ다)는 의존명사로 본다.

기서 말하는 명사는 고유명사를 배제한 보통명사만을 지칭하는 것으로 이해된다. 왜냐하면 뒤에서 살펴보는 바와 같이 '들'은 고유명사와 결합할 수 없고, 명사를 보통명사와 고유명사로 나눈다고 할 때 이 둘은 각각 명사와 명사구로 기능하면서 그 특성을 달리하기 때문이다.

이상의 명사 특성에 대한 논의는 많은 명사류를 포괄할 수 없거니와 명사 자체의 특성을 언급한 것이라고 할 수 없다. 그렇다면 본질적인 국어의 명사의 특성은 무엇인가? (1)에서 제시한 대로 일반적으로 명사는 의미적으로 세계의 사물을 지시하면서 통사적으로 동사와 함께 구를 이루어 문장의 구성 성분이 된다. 그런데 구로 기능하는 명사의 통사적인 특성은 그 명사의 의미 특성에 기인하는 것이므로 명사의 의미 특성이 곧 명사의 본질적인 특성이라 할 수 있다. 이에 우리는 명사의 의미 특성을 그 지시대상의 내포적인 의미 곧 그 대상이 지니고 있는 속성을 통칭적으로 지시하는 것이라고 파악하고자 한다. 즉 Wierzbicka(1988: 471)에서 언급한 대로 명사는 '속성의 다발(cluster of properties)'을 지시하거나 어떤 속성을 부여받은 '사물의 종류(kind of thing)'를 지시하는 것이라 할 수 있다.[71]

그렇다면 '屬性'이란 무엇인가? 속성이란 명사가 지시하는 대상의 현상적 성질로서 명사의 의미 구조를 이루는 필연적인 요소이며, 그 속성의 일부가 부각되어 가능한 언어 형태(구, 문장 또는 합성명사)를 형성한다. 즉 '사과'는 그 속성에 의해 '(열매로서의, 또는 먹는) 대상', '(식품의) 재료', '(모양, 빛깔, 맛 등의) 형상' 및 '(넣어 두거나 사고파는) 내용물' 등으로 기능하면서 언어 형태에 나타날 수 있는 것이다. 그러므로 '사과'의 속성은

---

71) 이는 명사를 '개체집합적인 類'라고 규정한 임홍빈(1979)와 '외연들이 공유하는 공통 개념'이라고 한 이남순(1982)의 견해와 무관하지 않으며, '명사가 존재의 명칭을 나타낸다고 정의할 경우, 존재는 사물뿐만 아니라 그것의 속성과 동작까지를 포함한다'고 한 최경봉(1998: 42)의 주장과도 관련된다.

명사 '사과'가 합성명사의 구성 성분으로 기능하거나 구의 구성 성분으로 기능한다고 할 때 그 가능성 여부를 판단하는 중요한 척도가 된다. 일례로 아래 (3)에서 '사과'는 그 속성에 따라 각각 〈대상〉(가), 〈재료〉(나), 〈형상〉(다), 〈용도〉(라)의 의미 관계를 가지고 합성명사의 선행 성분으로 기능하는데,[72] 합성명사 '사과나무, 사과주스, 사과맛, 사과차'의 선행 성분인 '사과'는 사과의 속성을 통칭적으로 지시할 뿐 특정한 대상을 지시하지 않으므로 비지시성(non-referentiality) 또는 비특정성(non-specificity)의 특성을 지닌다.

    (3) 가. 사과나무에 사과가 없다.
        나. 난 딸기주스를 시킬 테니 넌 사과주스를 시켜라.
        다. 그 아이는 사과맛 나는 사탕을 좋아한다.
        라. 방금 사과차가 있었는데.

한편, 아래와 같이 명사는 내포적인 의미뿐만 아니라 외연적인 의미를 가지고 통사적으로 기능하기도 하는데, 그 본질은 대상의 속성을 통칭적으로 지시하는 것이다.

    (4) 가. 이 사과는 네가 먹어라. 저 사과는 내가 먹을게.
        가′. 사과는 네가 먹어라. 배는 내가 먹을게.
        나. 그 사과는 맛있는데, 저 사과는 맛이 없다.
        나′. 사과는 맛있는데, 배는 맛이 없다.
        다. 그 강아지는 그 사람을 좋아한다.
        다′. 그 강아지는 사람을 좋아한다.

(4가, 나, 다)의 '사과', '사람'은 지시 관형사와 결합하여 객관적으로 존재하는 사물을 특칭하여 지시하므로 발화 상황에 존재하는 특정 사물

---

72) 합성명사의 의미 관계는 4장에서 자세하게 다루어진다.

이며 따라서 외연적인 의미가 실현된 것이다.[73] 이에 반해 (4가′, 나′, 다′)의 ‘사과’, ‘사람’은 객관적으로 존재하는 대상을 통칭하여 지시하는 것으로 그 대상들이 지니고 있는 속성을 지시한다고 할 수 있다. 즉 (4가′, 나′, 다′)의 ‘사과’, ‘사람’은 속성의 집합으로 이해되는 대상이며 따라서 내포적 의미가 실현된 것이다. 결국 명사는 본질적으로 대상의 속성을 통칭적으로 지시하는 것을 그 특성으로 하는 형태·통사 단위인데, 통사부에서는 그 속성, 내포적 의미뿐만 아니라 외연적 의미까지 확대되어 통사 단위인 句로 나타날 수 있는 것이다.

이상에서 살펴본 바와 같이 명사 N^0는 형태 단위로서 어형성에 참여하여 내포적인 의미만을 나타낼 수도 있으며, 통사 단위로서 통사부에서 종단 절점의 어휘 삽입 요소로도 기능하여 외연적인 의미를 나타내거나 더 이상 다른 요소에 의해 투사되지 않고도 명사구로 기능하여 내포적인 의미를 나타낼 수도 있다. 즉 명사 N^0는 형태 단위이자 통사 단위로서 지시 대상의 내포적 의미와 외연적 의미가 실현될 수 있는데, 이는 내포적 의미 곧 그 지시대상이 지니고 있는 속성을 통칭적으로 지시하는 명사의 의미 특성에서 기인한다.

그렇다면 고유명사는 그 지시대상의 속성을 지시하는 것인가? 고유명사는 특정한 단일 대상(개체)에 대한 명칭(name)의 성격을 지닌 것으로 그 대상만을 특칭하여 직접 지시하는 반면, 보통명사는 같은 종류의 모든 대상(개체)에 두루 쓰이는 명사로 각 개별적인 대상들이 이룬 집합을 개념화한 것이므로 개별적인 대상을 지칭하지 않고 집합체, 곧 불특정 다수를

---

73) 여기서 지시관형사인 ‘이/그/저’는 부가어일 뿐이다. 지시 관형사(혹은 지시사, 한정사)는 영어의 관사처럼 명사구(NP)의 지정어(SPEC) 자리에 위치시키기도 하고(서정목(1998: 285-292)) 결정사구(DP)의 핵으로 보기도 한다(강명윤(2001)). 그러나 뒤에서 살펴보는 바와 같이 고유명사 ‘철수’ 자체가 명사구이고 ‘어제 왔던 그 철수가 도둑임에 틀림없다.’가 가능하므로 ‘그’는 명사구 부가어이다.

지칭한다.[74] 이들을 지시성을 기준으로 분류할 때, 고유명사는 지시대상에 대한 외연적 지시를 나타내는 '외연 지시'와 관련을 맺고, 보통명사는 지시대상의 속성이 명사 속에 투영된 '속성 지시' 곧 '내포 지시'와 관련된다고 할 수 있다(최경봉(1998: 83-84)). 그러므로 명사의 본질적인 의미 특성인 지시대상의 속성 지시, 내포 지시, 부류 지시는 보통명사에 한한 것으로 고유명사는 이러한 특성과 무관한 것이다. 아래의 (5가)는 고유명사의 예이고 (5나)는 보통명사의 일부이다.

> (5) 가. 이순신, 신라, 경주, 한강, 금강산, 동해, 삼성전자, 목민심서, 문화관광부, …
> 가'. *두 이순신, *신라 다섯, *경주들, *한강마다, *이 금강산, *그런 동해, *어느 삼성 전자, *여러 목민심서, *다른 문화관광부
> 가". 프라이드 두 대, 프라이드마다, 이/이런 프라이드
> 가"'. 해사는 많은 이순신들을 길러냈다.
> 가"". 한국의 뉴턴, 촘스키를 번역하다, 온 서울이 떠들썩하다
> 나. 사람, 국가, 도시, 강, 산, 바다, 회사, 책, …[75]

(5가)는 '인명, 국가명, 도시명, 지명, 회사명, 책명, 기관명'의 고유명사로 지시대상의 유일성을 가장 큰 특징으로 하므로 (5가')에서 보는 바와 같이 여러 개 중 하나를 선택하는 의미를 나타내거나 복수의 개념이 들어 있는 어휘들과는 어울리지 못한다. 그런데 (5가", 가"', 가"")에서

---

74) 최현배(1937/1982: 212-216)에서는 두루이름씨(보통명사/통칭명사)를 한 가지의 사물에 두루 쓰이는 이름씨라 하여 '사람, 개, 나무, 돌, 곳, 하늘, 땅, … (自然物) 집, 배, 기차, 먹, 붓, … (人造物) 밤, 낮, 봄, 가을, … (時間) 동, 서, 남, 북, 상, 중, 하, … (空間) 뜻, 마음, 생각, 기쁨, 슬픔, 걱정, … (精神) 일, 울음, 노래, 싸움, … (行動)' 등을 들고, 홀로이름씨(고유명사/특칭명사)는 어떠한 특정한 사물에만 홀로 쓰이는 이름씨로 '단군, 세종 대왕, 이순신, 주시경, … (사람) 조선, 고구려, 신라, 백제, … (나라) 평양, 한양, 런던, 워싱턴, … (도시) 백두산, 압록강, 금강산, 한강, … (산, 강) 삼국유사, 논어, 맹자, 살수 대전, … (사물)' 등을 그 예로 들고 있다.

75) '해, 달, 지구'는 지시 대상의 유일성, 특정성에도 불구하고 다른 것과 구별할 필요가 없기 때문에 일반적으로 보통명사로 분류한다.

확인되는 바와 같이 고유명사가 보통명사의 행태를 보이기도 하고 은유적·환유적 의미 전이를 겪어 보통명사처럼 쓰이기도 하며(남기심·고영근 (1985/1992: 73-74), 이익섭·채완(1999: 134)), 홍재성(2001: 122-124)), 아래 (6가, 나)와 같이 고유명사가 한자어 접미사·접두사와 결합하여 파생어를 형성하기도 한다.[76]

> (6) 가. 독일계, 영국령, 프랑스어, 중국인, 미국식, 유럽풍, 한국형, 뉴질랜드산, 필리핀제, 브라질통, 미국행, 케네디가, 필립공, 라깡류, 김가, 이씨, 홍길동씨, 김영희양, 필순양, 함석헌옹
>   가'. 야당계, 열대계, 기계어, 민족어, 외래어, 원시인, 종교인, 강의식, 서양식, 가요풍, 동양풍, 계란형, 피라미드형, 국내산, 외국산, 외교통, 소식통, 도시행, 외국행, 명문가, 세도가, 낭만파류
>   나. 대러시아, 주나이지리아, 탈아프칸, 재이란, 반이회창, 친부시
>   나'. 대국민 (사과문), 대정부 (질의), 주미, 주한, 탈냉전, 탈대중화, 재경, 재외, 반독재, 반체제, 친정부, 친민주계

그러나 '필립공, 이씨, 홍길동씨, 김영희양, 필순양, 함석헌옹' 등의 '공, 씨, 양, 옹'은 고유명사와만 결합하는 형태로 파생접미사가 아니라 의존명사이다. 그 외 다른 형태들은, (6가')에서 보는 바와 같이 고유명사뿐만 아니라 보통명사와도 결합하기 때문에 파생접미사로 볼 수 있어, 고유명사가 보통명사화한 것이라 할 수 있으며, (6나)의 경우도 (6나')에서 보는 바와 같이 한자어 접두사들이 보통명사와도 결합하므로 고유명사가 보통명사화한 것이라고 할 수 있다.[77] 결국 고유명사는 특별한 외적 분

---

76) (6)은 송원용(2001: 185-192)에서 제안한 임시어의 예이다. 이하 띄어쓰기는 그 논의를 따른 것이다.

77) '령(領)'과 '제(製)'는 고유명사와만 결합하는 형태이지만 각각 '領土'와 '製品'의 단축형으로 볼 수 있으므로 접미사로 보지 않을 수 있다. '김가'의 '가(哥)'는 접미사로 '그 성씨 자체'의 의미를 나타내므로 성씨를 보통명사로 파악한 경우이다. '이씨'의 '씨(氏)'도 '그 성씨 자체'의 의미라면 접미사이지만, 어떠한 한 사람을 칭하는 '이씨', '홍길동씨'의 '씨'인 경우는 앞 성분이 순전히 고유명사로 기능하는 것이므로 의

포 및 확장 없이 홀로 통사부 단위로서 기능할 수 있고 파생접사와 함께 나타나지 않으므로 통사 단위인 명사구(NP)라 할 수 있다. 그러나 파생접사와 결합하는 고유명사는 보통명사와 같이 그 지시대상의 속성 지시, 내포 지시, 부류 지시의 특성을 가지는 것으로 본질적인 명사 어사(N^0), 곧 형태·통사 단위라 할 수 있다. 고유명사가 명사구임은 다음에서 보는 바와 같이 생성 문법에서 일반적으로 통사 단위인 句로 받아들이는 대명사로 대치 가능하다는 것에서도 확인된다(임홍빈(1999나: 5-6)).[78][79]

> (7) 철수가/그 사람이/그가 모든 사람에게 친절하다.

결론적으로 말하면 명사의 본질적인 의미 특성은 지시대상의 속성 지시, 내포 지시, 부류 지시이며, 하나의 지시대상만을 특칭하여 직접 지시하는 고유명사는 대명사와 마찬가지로 명사구로서 지시대상을 외연 지시하는 것을 그 특성으로 지닌다고 할 수 있다.

3.2.2 국어 명사의 의미 분류

우리는 앞 절에서 명사가 대상의 속성을 통칭적으로 지시하는 특성을

존명사이다. 한자어 접두사에 대한 논의는 졸고(2002가) 참조.

78) 한편 '[학교에 간 (그)] 철수', '[학교에 가기 싫은] 철수', '[아름다운] 영희'처럼 고유명사를 수식·한정하는 관형사절은 부가어로서 후행 성분을 확장하는 것이 아니다. 이는 '[저기 서 있는] 그', '[여기 있는] 우리'와 같이 대명사에서도 확인된다.

79) 고유명사는 '만남의 광장'(지명), '재미있는 동물의 세계'(TV프로명), '노무현을 사랑하는 모임'(단체명), '못 말리는 비행사'(영화명) 등처럼 구 구성도 가능한데, 만약 작품명으로 'ㅏ', 'ㄱㅑ'처럼 하나의 음소나 음절이 쓰였다면 이 경우도 고유명사로 기능한다고 봐야 한다. 이는 어떠한 언어 형태로든 하나의 대상을 특칭적으로 지시한다는 고유명사의 특성에 기인하는 것이다. 한편 통사 단위로서 '고유명사'라고 하는 것은 문제가 될 수 있다. 이를 '고유명', '고유 명칭', 또는 '고유명사구'라 고쳐 부를 수도 있겠으나 용어상의 혼란이 없는 한 기존대로 '고유명사'를 유지하기로 한다.

지니고, 그 속성은 명사의 의미 구조를 이루는 필연적인 요소라고 하였다. 이는 명사의 내적 정보 체계로서 이 절에서 다룰 명사의 의미 분류와 함께 구를 형성하거나 합성명사를 형성하는 데 있어서 중요한 의미론적 역할을 한다고 할 수 있다. 명사의 의미 분류는 계열 관계와 결합 관계를 고려하여 명사의 외적 정보 체계를 규명하는 작업인데, 명사를 하위 분류하는 방법은 다음과 같이 다양하게 논의되어 왔다.[80]

첫째, 문법론적인 측면에서 접근하는 것으로, 명사를 사용 범위에 따라 보통명사와 고유명사로 나누고, 자립성의 유무에 따라 자립명사와 의존명사로 나누거나 의미 특성에 따라 추상 명사와 구상 명사, 유정 명사와 무정 명사, 그리고 가산 명사와 불가산 명사, 집합명사와 물질명사 등으로 분류하는 방법이 있다. 그러나 앞 절에서 지적한 바와 같이 보통명사와 고유명사는 그 층위를 달리하는 것으로 같이 다룰 수 없는 것이며, 자립성 유무나 의미 특성에 따른 분류는 국어의 형태·통사론적 현상을 규명하는 데 있어서 필요할 때에만 가치가 있고 수 개념이 확고하지 않은 국어 문법 체계의 특성을 고려하면 이들 명사들로 문법론적 하위 분류를 하는 것은 문제가 있다(최경봉(1998: 54)).[81] 또한 하나의 명사가 각각의 분류에 포함될 수 있으며, 그 분류 방법의 상·하위 개념을 설정하여 온전하게 전체 분류 체계를 모색하지 않았다.

둘째, 존재론적 측면에서 접근하는 것으로, 명사를 의미 영역에 따라 분류하는 방법이 있다. 우선 Lyons(1977: 442-443)에서는 의미 영역에 따라 명사가 지시하는 실체(entity)를 사람(person)·동물(animal)·물건(thing) 등 물리적 대상(physical object)을 가리키는 제1 실체(First-order entities)와 사건(event)·과정(process)·상태(state-of-affairs) 등을 나타내는 제2

---

80) 아래의 기존 연구에 대한 검토는 최경봉(1998), 이병모(2001)을 참조하였다.
81) 최현배(1937/1982: 216)에서는 국어의 특성에 맞지 않는다고 하여 집합 명사, 물질 명사, 추상 명사, 구체 명사 등의 분류 구분을 인정하지 않았다.

실체(Second-order entities), 시공간을 벗어난 명제(proposition) 같은 추상적인 실체인 제3 실체(Third-order entities)로 구분하였다. 최경봉(1998: 38)에서는 의미 영역은 존재 대상이 세계 내에서 차지하는 영역으로, 이 의미 영역과 관련지어 명사를 먼저 실체를 가진 존재물인 '실체'와 그 실체의 존재 '양식'으로 대별하고 양식은 또 실체물과 직접적인 관련성을 가지는 '사태(사건과 상태)'와 실체물과 간접적인 관련성을 가지는 '관계'로 구분한다.82) 이는 더 하위 분류되고 문법론적 의미 분류와도 대응 관계를 보이는데, 예를 덧붙여 제시하면 다음과 같다.

(8) 명사의 존재론적 의미 분류
　① 실체 명사
　　㉠ 인간 – 그, 너, 누구, 우리, 자기, … (인칭대명사)
　　　　－ 홍길동, 케네디, 이순신, … (고유명사)
　　　　－ 사람, 학생, 아버지, 사장, 대통령, 국민, 남자, 노인, 청년, …
　　　　　(보통명사)
　　㉡ 사물
　　　ⓐ 공간물(범위 경계) – 그곳, 여기, 어디, … (공간대명사)
　　　　　　　　　　　　　－ 백두산, 한강, 서울, 뉴욕, 고려, 인도, … (고
　　　　　　　　　　　　　　유명사)
　　　　　　　　　　　　　－ 산, 들, 강, 하늘, 땅, 우주, 학교, 호텔, 운동
　　　　　　　　　　　　　　장, 체육관, 도시, 정부, 국회, 대학, 단체, 가
　　　　　　　　　　　　　　정, 사회, 논, 가슴, 얼굴, … (보통명사)
　　　ⓑ 개체물(속성) – 유정물 – 그것, 이것, 저것, … (지시대명사)
　　　　　　　　　　　　　－ 메리, 쫑, 다롱이, … (고유명사)
　　　　　　　　　　　　　－ 호랑이, 개, 말, … (보통명사)
　　　　　　　　　　　　－ 무정물－그것, 이것, 저것, … (지시대명사)
　　　　　　　　　　　　　－ 아폴로1호, 포니, 로미오와 줄리엣, … (고

---

82) 이러한 의미 영역의 분류는 Nida(1946/1978: 182-97)의 실체나 대상(무생물, 자연물, 건조물), 사건(행위와 과정－물리적, 생리적, 감각적, 지적, 축격, 통제 등), 추상 개념(시간, 거리, 부피, 온도, 색깔, 수, 지위), 관계(공간적, 시간적, 지시적, 논리적 관계) 등의 분류와 Lyons(1977: 440)의 실체(entities), 속성(properties), 사건(action), 관계(relation) 등의 분류를 반영하고 있다(최경봉(1998: 38-39), 이병모(2001: 160)).

유명사)
    - 나무, 자동차, 책, 종이, 물, 커피, 흙, 눈,
      산소, 영화, 소설, 회화, 법, 제도, 방안,
      … (보통명사)
② 양식 명사
  ㉠ 사태
    ⓐ 사건 - 운동, 비행, 곡예, 휴식, 잠, 걸음, 장사, 사업, 노력, 훈련,
            성장, 생각, 희망, 기원, 기억, 계획, 결심, 결정, … (자동)
          - 결혼, 사랑, 공부, 감독, 건설, 게임, 전쟁, 인사, 말, 대화,
            목표, 강조, 거부, 계산, 고발, 과장, 동의, 보고, … (타동)
    ⓑ 상태 - 성실, 건강, 추위, 더위, 홍수, 불편, 필요, 경향, 피해, 자유,
            참, … (현상)
          - 값, 높이, 넓이, 규모, 예술, 기온, 사상, 문학, 역사, 관점,
            현실, 의식, 분위기, 성격, 환경, 구조, 기능, 기준, 자연, 실
            제, 원인, 날씨, 시간, … (추상)
  ㉡ 관계
    ⓐ 차원 - 봄, 내년, 때, 하루, 오늘, 아침, 과거, 마지막, 앞, 뒤, 틈,
            사이, … (시간)
          - 위, 아래, 옆, 뒤, 가운데, 틈, 사이, 주변, 밖, 안, 꼭대기,
            밑, 끝, … (공간)
    ⓑ 단위 - 하나, 셋, 일, 사, 첫째, 셋째, … (수사)
          - 분, 마리, 명, 개, 권, 벌, 토막, 송이, 두름, 쌈, 모금, 평,
            아름, 개월, 시, 마디, 곡, 회, 번, 원, … (분류사)

그러나 분류는 상보적 대립 관계로 분류되는 것이 바람직한데 위의 의
미 분류는 단순한 대립 관계의 분류로 여겨진다(이병모(2001: 172)). 즉 '실
체명사와 양식명사', '공간물명사와 개체물명사', '사태명사와 관계명사',
'차원명사와 단위명사', '현상명사와 추상명사' 등은 상보적 대립 관계에
있지 않다.83)

---

83) 또한 (8)에는 제시하지 않았는데, 양식명사에만 의존명사를 두고 실체명사에는 인간
    명사의 '이, 자, 분', 공간물명사의 '데, 쪽, 편', 개체물명사의 '것' 등의 의존명사를
    상정하지 않았다.

셋째, 인식론적 측면에서 접근하는 것으로, 인식의 대상인 존재에 바탕을 둔 두 번째 분류 방법과 달리 존재를 인식하는 주체인 인간의 인식을 근거로 하여 명사를 하위 분류하는 방법이 있다. 이병모(2001)에서는 아리스토텔레스, 칸트의 인식론적 범주론을 명사 분류에 적용하여 명사를 실체명사와 추상명사로 대별하고 추상명사는 일반 추상명사와 특수 추상명사로 나누었다. 실체명사는 시간의 어느 지점에 위치하고 물리적으로 3차원의 공간에 위치하며 관찰이 가능한 명사이고,[84] 일반 추상명사는 시간과 공간 안에 있으면서 '어떠하다, 어찌하다'는 특성을 지니는 명사와[85] 공간과 시간 밖에 있는 추상적 존재를 나타내는 명사를 말한다.[86] 그리고 특수 추상명사는 시간과 장소를 나타내는 위치명사와 인과적 관계를 나타내는 용어와 관련된 관계명사, 진위·확실성·가능성과 관련되는 화자의 심리적 태도를 드러내는 양상명사로 다시 분류한다. 이상의 명사의 인식론적 의미 분류를 예와 함께 제시하면 다음과 같다.(의존명사는 무시한다.)

   (9) 명사의 인식론적 의미 분류
     ① 실체명사
       ㉠ 사물 실체명사 – 책상 연필, 얼굴, 산, 들, 공장, 운동장, 고향, 골짜기, 나라, 손바닥, 논, 무대, 배, 칼, 백두산, 진주, 학교, 나무, 돌, 자동차, 호랑이, 맨드라미, …
       ㉡ 사람 실체명사 – 선비, 학생, 김철수, 동생, 그녀, 사람, 사장, 노인, 군중, 겨레, 국민, 군인, 의사, 미남, 아버지, 외손자, 김형, …
     ② 추상명사
       ㉠ 일반 추상명사 – 솜씨, 충성심, 철학, 사상, 업무, 법, 진, 선, 미, 사회, 예술, 기관, 신앙, 중심, 과정, 매사, 도리,

---

84) Lyons(1977: 440-443)의 제1 실체가 여기에 해당한다.
85) Lyons(1977: 443)의 제2 실체가 여기에 해당한다.
86) Lyons(1977: 443)의 제3 실체가 여기에 해당한다.

소설, 경우, 마음, 생각, 정도, 딴, 식, 티, 마련,
사정, 상태, 상황, 처지, 형편, 말, 작정, 현장,
점, 면, 짓, 측, 격, 가량, 거리, … (추상적 존재)
- 사랑, 헌신, 보도, 결혼, 복종, 연구, 건설, 게임,
거절, 대답, 전쟁, 건강, 부족, 풍부, … (서술성)

ⓛ 특수 추상명사
   ⓐ 위치 특수 추상명사 - 봄, 여름, 시간, 기간, 때, 어제, 정오, 새
벽, 하순, 사이1, … (시간)
         - 장소, 공간, 구석, 중앙, 곳, 옆, 밖, 밑,
끝, 앞, 뒤, 가운데, 사이2, 틈, 가장자리,
동쪽, 이북, 이남, … (공간)
   ⓑ 관계 특수 추상명사 - 인과, 관계, 관련, 연관, 교섭, 연결, 인연,
친분, 원인, 결과, 까닭, 이유, 탓, …
   ⓒ 양상 특수 추상명사 - 의도, 단언, 현실, 필연, 가능, 우연, 진실,
냉담, 곤란, 비겁, 자랑, 의리, 허락, 질
문, 명령, 기원, 강조, 희망, 기대, 경향,
요청, 의심, 의문, 함의, 인식, 상상, 예
측, 의지, 단정, 분명, 확실, 정확, …

이는 결국 명사에 대한 Lyons(1977)의 존재론적 의미 분류에 특수 추
상명사를 추가한 것으로, 특수 추상명사를 위치와 관계, 양상으로 하위
분류한 근거가 명확하지 않다. 즉 위치와 관계, 양상을 논리적 관념론,
인식론에 입각해서는 같은 범주 내에서 다룰 수 있을지는 몰라도 각각의
국어 명사 예를 보면 어떠한 관련성도 발견되지 않는다. 또한 이들은 상
보적인 대립 관계에 있지도 않다.

넷째, Roget(1852), 남영신(1987), 박용수(1989)의 '분류 어휘집'과 같이
의미 유형과 개념별로 분류하는 방법이 있는데,[87] 어휘 분류의 목적에

---

87) 어휘 분류에 대한 연구로는 임지룡(1991), 김광해(1993), 임홍빈·한재영(1993) 등이
있다. 임홍빈·한재영(1993)만 보면, 인간 활동의 전 영역 및 활동의 전 부류를 포
괄하기 위하여 국어 어휘를 우선 '실체, 인간, 자연, 가정, 사회, 사회 생활, 정신 생
활' 등 7개의 대분류항을 설정하였고 각각의 하위 분류 항목으로 모두 800여 개를
제시하였다. 한편 G. Gross의 '어휘 문법(lexique-grammaire)'(대단위 통사적 정

따라 체계가 달라지고 그 분류의 범위를 한정하기가 어렵다는 한계가 있다. 또한 분류의 기준이 확립되지 않은 상태에서 분류자의 주관에 따라 어휘를 분류하여 각 어휘들을 단순히 병렬시킴으로써 어휘의 의미를 연구하는 데 있어서 그 가치가 제한될 수밖에 없다(임지룡(1989: 89), 이병모(2001: 178)).

이 외에도 원대성(1985)에서는 명사의 상적 특성에 주목하여 명사를 먼저 동태성 명사와 비동태성 명사로 나누고, 동태성 명사를 상태성 명사와 비상태성 명사로, 비동태성 명사를 구체성 명사·정도성 명사·부사성 명사·추상 개념 명사로 하위 분류하였는데, 존재론적 개념인 '상태성·비상태성·구체성·추상 개념·정도성'과 문법론적 개념인 '부사성'을 같은 차원에서 다루어 문제가 된다. 민현식(1990)에서는 시공간적 관점에서 인간이 명사류에 대해 갖는 범주 개념인 '인간(human), 사물(thing), 공간(space), 시간(time)'을 분류의 기본으로 삼아 명사를 분류하였는데, 상태나 동작을 나타내는 명사를 제외하여 의미 분류의 범위에 있어서 한계를 가진다.

이상의 국어 명사의 분류 논의는 분류 기준이 확립되지 않은 상태에서

보의 수록 체계와 통사적 정보를 활용한 의미의 구분을 가장 큰 특징으로 하는 현대 언어학 이론)을 수용하여 명사를 술어와의 논항 관계 및 구성 성분 간의 수식 관계에 의거하여 의미 분류한 논의들이 있다. 그 논의를 바탕으로 한 일련의 결과물이 전자사전 개발을 위해 문화관광부에 제출된 '21세기 세종계획' 연구 보고서들 중 체언 전자사전 부문이다. 그 중간 보고서인 홍재성 외(1999)에서는 명사를 '감각, 감정, 건물, 경기, 공간, 과일, 과정, 교과목/학문, 교통기관, 국면, …' 등 50여 개의 의미 하위 부류로 나누어 제시하였다. 이들 일부 의미 부류에는 층위를 두어 세분된 하위 부류로 나누어 기술하기도 하였다. 결국 이들 의미 하위 부류 목록을 더 세분하거나 확장하고 더 많은 층위를 상정하여 최종 보고서인 홍재성 외(2001)에서 구축한 명사 의미 부류의 총개수는 '구체자연물, 구체인공물, 관계구체물, 집단, 장소, 추상적 대상, 상태, 사건 l 현상, 행위' 등의 1층위부류(최상위부류) 9개와 2층위부류 83개, 3층위부류 142개, 4층위부류 59개, 5층위부류 21개, 6층위부류 12개를 포함하여 326개이다. 이러한 명사 의미 분류 방법도 결국 '어휘 분류집'의 성격을 띠고 있다 하겠는데, 1층위부류(최상위부류)만 보면 위에서 살펴본 문법론적, 존재론적, 인식론적 의미 분류와 부분적으로 상통된 결과를 보이기도 한다.

분류가 행해졌고, 분류 결과가 모든 명사를 포괄한다고 할 수 없다. 또한 의미 분류가 상보적 대립을 전제하지 않아 전체 분류 체계가 온전한 모습이라고 할 수 없다. 우리는 Lyons(1977), 최경봉(1998), 이병모(2001)의 명사 분류 논의를 바탕으로 다음과 같이 국어 명사를 의미 분류할 것을 제안한다.

(10)

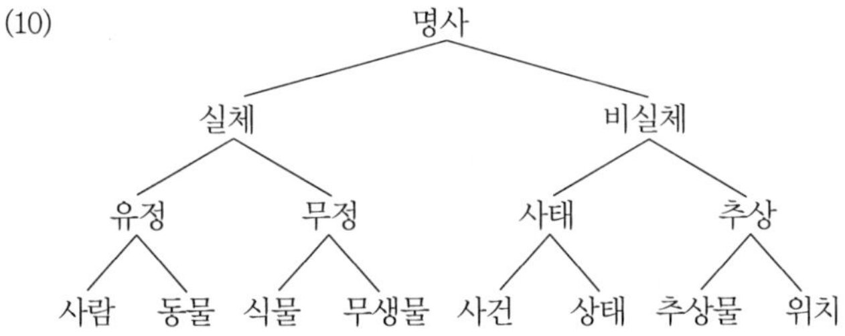

우선 명사를 [실체성]에 의해 실체 명사와 비실체 명사로 대별한다. 실체 명사는 [유정성]에 의해 유정 명사와 무정 명사로 구분하며 다시 유정 명사는 [인간성]에 의해 사람 명사와 동물 명사로, 무정 명사는 [유기성]에 의해 식물 명사와 무생물 명사로 하위 분류한다. 그러나 실체 명사는 [인간성]에 의해 사람 명사와 동물·식물·무생물 즉 사물 명사로 다시 분류할 수 있으며, [유기성]에 의해 사람·동물·식물 즉 생물 명사와 무생물 명사로 분류할 수도 있다. 우리는 인간이 세계에 대해 주체와 객체의 이원적 인식 체계를 가지고 인식하고 그 인식 과정을 언어에 반영한다는 최경봉(1998: 62)를 받아들여 실체 명사를 [인간성]에 의해 사람 명사와 사물 명사로 재분류하기로 한다.[88]

---

88) [유기성]에 의해 명사를 생물 명사와 무생물 명사로 분류하는 것이 문법론적으로 의미가 있는 경우가 있다. 일례로 '친구에게 책을 주다', '사자에게 먹이를 주다'와 '화분에 물을 주다', '꽃에 물을 주다'에서 확인되는 바와 같이 (비록 선행 성분이 명사구이지만) 선행 명사의 [유기성]에 따라 처격/여격 조사의 쓰임이 달라진다.

한편 비실체 명사는 [추상적 실체성]에 의해 사태 명사와 추상 명사로 구분하고 다시 사태 명사는 [동작성]에 의해 사건 명사와 상태 명사로, 추상 명사는 [시·공간과의 관련성]에 의해 추상물 명사와 위치 명사로 하위 분류한다. [추상적 실체성]에 의한 사태 명사와 추상 명사의 분류는 추상 명사가 추상적 존재를 나타내지만 사태 명사와 달리 실체 명사의 사물 명사처럼 인식됨을 반영한 것이고, [시·공간과의 관련성]에 의한 추상 명사 분류는 추상물 명사가 시간과 공간의 밖에 있는 존재를 나타내는 데 반해 위치 명사는 시·공간과 직접 관련된다는 점을 근거로 한 것이다. 이상의 분류에 따라 국어 명사의 예를 일부 들어 보면 다음과 같다.[89]

(11) 국어 명사의 의미 분류[90]
  가. 사람 명사 – 사람, 학생, 후보, 남자, 청년, 동생, 사장, 노인, 대통령, 국민, 군중, 의사, 군인, 미녀, 어머니, 손자, 녀석, 놈, 이, 자, 분, …
  나. 사물 명사 – 책상, 연필, 얼굴, 종이, 흙, 산, 들, 공장, 운동장, 정부, 국회, 식당, 도시, 마을, 고향, 골짜기, 나라, 손바닥, 논, 무대, 배, 칼, 학교, 나무, 돌, 꽃, 자동차, 호랑이, 강아지, 말, 들국화, 것, 따위, …
  다. 사건 명사 – 사랑, 헌신, 보도, 결혼, 복종, 연구, 건설, 게임, 거절, 대답, 전쟁, 취직, 변모, 변질, 운동, 비행, 휴식,

---

89) 대명사와 고유명사의 예는 제시하지 않는다. 이는 이들이 명사 어사가 아닌 명사구이며, 명사의 본질적 특성을 대상의 속성을 통칭적으로 지시한다고 한 앞 논의를 고려한 것이다. 의존명사는 따로 구분하지 않고 함께 제시한다. '개, 마리, 명, 대, 톨, 손, 쾌, 포기, 그루, …' 등 명사 지시물을 부류화하고 개체화하는 기능을 하는 분류사는 일반적으로 실체 명사와 관련되는데 여기에서는 반영하지 않았다.

90) 사실 아래의 명사 의미 분류는 각주 87)에서 지적한 바와 같이 문법론적, 존재론적, 인식론적 의미 분류와 마찬가지로 홍재성 외(2001)의 1층위부류(최상위부류)와 부분적으로 상통되기도 한다. 그러나 이 홍재성 외(2001)의 1층위부류(최상위부류)도 다른 의미 분류와 마찬가지로 상보적 대립에 의한 체계성에 있어서 분명 문제가 있다. 한편 모든 명사가 아래의 의미 분류 체계 내에서 고정된 위치를 차지한다고는 할 수 없을 것 같다. 사건 명사가 추상물 명사가 될 수도 있고 상태 명사 또한 추상물 명사가 될 수 있는 것이다. '노래'의 경우가 전자의 경우이고, '공평무사'가 후자의 경우이다. 그렇다고 이들이 실체 명사가 될 순 없다.

희망, 이해, 걱정, 계획, 결심, 노력, 강조, 과장, 고
발, 동의, 인식, 이해, 원망, 자랑, …

라. 상태 명사 – 건강, 부족, 불편, 불행, 성실, 필요, 무능력, 평안, 정직, 요란, 친절, 얌전, 청결, 공평, 고독, …

마. 추상물 명사 – 철학, 정신, 사상, 업무, 법, 참, 거짓, 미, 예술, 자연, 기온, 날씨, 역사, 관점, 경향, 자유, 분위기, 성격, 환경, 구조, 기준, 제도, 신앙, 과정, 소설, 마음, 상태, 상황, 명제, 민주주의, 개념, 사회, 문학, 가치, 사실, 소문, 이유, 원인, 결과, 문제, 증거, 양, 질, 수효, 순서, 비율, 길이, 부피, 것, 바, 나름, 수, …

바. 위치 명사 – 봄, 가을, 내년, 과거, 때, 시간, 하루, 새벽, 오전, 오늘, 하순, 무렵, 동안, 마지막, 말, 초, 공간, 구석, 위, 옆, 밖, 밑, 끝, 가운데, 주변, 사이, 틈, 전, 후, 곳, 쪽, 편, 데, …

위의 의미 분류 체계는 계열 관계와 결합 관계를 고려한 명사의 외적 정보 체계로서, 앞 절에서 다룬 명사의 의미 구조 곧 내적 정보 체계와 더불어 총체적인 어휘 정보 체계인 명사의 어휘 내항으로서 뒤에서 살펴보는 바와 같이 명사구를 형성하거나 합성명사를 형성하는 데 있어서 중요한 의미론적 역할을 하게 된다.

3.3 국어의 관형 명사구 구성

3.3.1 도입

우리는 앞 절에서 명사는 대상의 속성을 통칭적으로 지시한다는 특성을 지니고, 그 명사의 속성은 명사의 의미 구조를 이루는 필연적인 요소로 명사의 내적 정보 체계를 이루어 계열 관계와 결합 관계를 고려한 명사의 외적 정보 체계인 명사의 의미 분류와 함께 명사구를 형성하거나 합성명사를 형성하는 데 있어서 중요한 의미론적 역할을 한다고 하였다. 곧 명사구나 합성명사의 구성 성분 사이의 의미 관계는 구성 성분의 내적 정보인 의미 속성 체계와 외적 정보인 의미 분류 체계에 의한 의미 관계인 것이다.

이 절에서는 명사구의 내부 구조를 살펴 그 구성 성분 간에 나타나는 가능한 의미 관계를 설정하고, 그 명사구의 구조와 의미 관계가 관형격 조사 '의'의 실현 여부에 따라 결정됨을 주장할 것이다. 그럼으로써 명사 또는 명사구가 연결된 구성의 구조나 가능한 의미 관계가 4장에서 다룰 합성명사의 구조나 의미 관계와 함께 종합적으로 모색할 수 있음을 보일 것이다.

명사구는 다음과 같이 다양한 구조로 나타난다.

(12) 가. 그 소식, 첫 만남, 무슨 돈, 이 두 사람, 저 새 책, 그 무슨 얘기, 저 푸른 물결, 그 겨울 바다, 여러 마을 어른, 모든 아동용 가방, …

나. 하얀 손수건, 떠날 사람, 내가 저지른 일, 첫눈이 온다는 소식, 어둡던 그 시절, 첫눈이 온다는 새 소식, 나무에서 떨어진 오만한 원숭이, 멋진 동생의 친구, 찬밤 공기, 아름다운 강과 산, …

다. 아이(의) 울음, 철수(의) 책, 영희(의) 얼굴, 책(의) 임자, 학교(의) 운동장, 야구공(의) 가방, 개(의) 다리, 현대(의) 음악, 시누이(의) 남편, 충청도(의) 남자, 박지원(의) 소설, 가격(의) 하락, 운동(의) 부족, 교칙(의) 문란, 쓰레기(의) 처리, 문제(의) 해결, 언어학(의) 연구, 전쟁(의) 종식, 딸(의) 행복, 학생(의) 신분, 고려(의) 자기, 강원도(의) 감자, 고국(의) 소식, 선생님(의) 말씀, 가을(의) 노래, 아버지(의) 사진, 고향(의) 맛, 금테안경(의) 신사, 최고(의) 수준, 사돈의 팔촌의 팔촌, 밤하늘의 별, 너와 너의 우정, 우리의 첫 만남, 마을의 음산한 분위기, 철수의 마음의 고향, 고향의 겨울 바다, 정부의 대북 성명, 서울의 낮과 밤, 여성 잡지, 학생 신문, 동물 병원, 사립 중학교, 보조 단추, 거대 도시, 국제(적) 관계, 제도적 모순, 대국민 사과, 반국가 사범, 재일 상공인, 주프랑스 대사

관, 친일본 인사, 미국행 비행기, 가정식 백반, 직업별 통계, 학교
에서의 하루, 사회인으로서의 책임, 공부로부터의 해방, 친구와의
약속, 미국(으로의) 진출, 결혼식(에의) 참석, 기념식(에서의) 연
설, 바다(로부터의) 선물, …

라. 가난뱅이 아버지, 부자 아들, 국군 아저씨, 반도 대한, 성군 세종,
충신 정몽주, 명산 백두산, 숙소 서울 호텔, 주인 할머니, 새끼
곰, 엄마 곰, 소년 가장, 여자 행원, 욕심쟁이 철수, 벙어리 삼룡이,
딸자식, 자식새끼, 손자며느리//대학생 어머니(어머니 대학생), 시인
무용가(무용가 시인), 윤봉길 의사(의사 윤봉길), 교수 아버지(아
버지 교수), 김동윤 교수(교수 김동윤), 이승만 대통령(대통령 이
승만), 소연(이) 친구(친구 소연(이)), 동건(이) 형(형 동건(이)),
동빈(이) 동생(동생 동빈(이)), 김동민 학생(학생 김동민)//김 교수,
의사 선생, 박 선생, 이 형, 최 사장, 정 선배, 노 후보, …

(13) 가. 봄과 가을(과), 논밭과 밭(과), 피와 땀(과), 꽃과 나비(과), 밥하고
떡(하고), 소나 돼지나 말(이나), 사과도 배도 감도, 고등어 · 조기 ·
명태, …

나. 국장 겸 과장, 이사장 및 이사, 열 내지 스물, 비 또는 눈, 철수
혹은 영수, 사과 말고 배, 무 아니면 배추, …

(12)는 관형 성분이 명사구를 수식하는 구성인데, (12가)는 관형사가
수식하는 명사구이고 (12나)는 동사의 관형사형이 수식하는 명사구이다.
(12다)는 일반적으로 관형격 명사구 구성이라 칭하는 경우이고 (12라)는
동격 명사구 구성으로 볼 수 있는 경우로서,[91] 전자는 관형격 표지 '의'
가 나타나는 경우와 나타나지 않는 경우가 있는 데 반해 후자는 '의'가
나타나서는 안 되는 경우이다.[92] (13)은 명사구가 조사(13가)나 부사, 의

---

91) 동격 명사구 구성이란 두 구성 성분이 하나의 개체를 나타내며 연결되는 것으로, 동
격이란 그 명사구가 통사적으로 같은 격을 가진다는 의미가 아니라 같은 자격(ap-
positive)을 가진다는 의미이다.

92) 이남순(1988)에서는 관형 구성의 형성 절차를 합성어를 구성하는 형태론적 절차와
'속격 구성'과 '외연-관형 한정 구성'의 통사론적 절차로 구분하여, 속격 구성은 '-의'가
나타나거나 수의적으로 나타나는 구성을 지칭하며 외연-관형 한정 구성은 '대학생
보이스카웃'과 같이 '-의'가 나타나지 않는 구 구성을 지칭한다. 이는 각각 명칭만 다를

존명사 또는 동사 활용형(13나)에 의해 접속되거나 나열된 구성이다. 이 (12), (13)을 우리는 '명사구 연결 구성'이라고 부르고 다음과 같이 관형 구성과 병렬 구성으로 대별하여 제시한다.

(14) 국어의 명사구 연결 구성
　관형 구성 ┌ 관형사, 관형형: 그, 새, 두, -(으)ㄴ, -(으)ㄹ, …
　　　　　　└ 관형격, 동격: 의, ∅
　병렬 구성 ┌ 조사: 와, 하고, (이)나, 도, …
　　　　　　└ 부사, 의존명사 또는 동사 활용형: 겸, 및, 내지, 또는, 혹은, 아니면, …

명사구 연결 구성 중 관형사와 동사의 관형사형이 핵인 명사를 수식하는 관형 구성은 각주 73)과 78)에서 확인되는 바와 같이 단지 명사구 부가어로서 기능하는 것으로 우리의 논의에서 제외하기로 한다. 또한 조사나 부사, 의존명사 또는 동사 활용형에 의해 접속되거나 나열된 병렬 구성도 우리의 관심사가 아니다. 결국 이 절의 주된 초점은 그 구성 성분이 명사나 명사구로 이루어진 관형격 구성과 동격 구성인 관형 구성인데, 우선 그 관형격 구성과 동격 구성(이하 관형 명사구)의 구조를 상정하고 관형격 구성의 경우 '의'의 실현 여부에 따라 구조를 다르게 설정할 수 있음을 보이며, 다음으로 그 구조를 통해 구성 성분 간의 의미 관계를 파악할 수 있음을 보이고자 한다.

뿐 우리의 관형격 구성이나 동격 구성과 동일한 것이라 할 수 있다.
　한편 (12라)의 예 중 '딸자식, 자식새끼, 손자며느리'는 동격 구성이긴 하나 일반적으로 한 단어로 인식되는 것으로 물론 사전에도 표제어로 등재되어 있다.

3.3.2 선행 연구 검토[93)

관형격 구성은 명칭의 문제에서부터 구조격 인정 여부, '의'의 의미 기능 및 구성 성분의 의미 특성과 '의'의 실현 여부에 대한 해석 등 다양한 논의가 진행되어 왔다. 명칭에 있어서 '의'를 소유 또는 소속의 의미 관계를 나타낸다는 측면을 강조하여 속격 조사라 할 것인가 수식어와 피수식어의 통사적 관계를 강조하여 관형격 조사라 할 것인가의 문제는, 소유·소속의 의미만으로 '의'의 의미와 명사구 구성 성분의 의미 관계를 포괄할 수 없어 우리는 후자의 논의를 따라 '의'를 관형격 조사라고 보고자 한다.

관형격을 구조격으로 인정하느냐 하지 않느냐의 논의는 구조격을 부여하는 지배자의 범위를 서술어에 국한하느냐 서술어와 마찬가지로 명사에도 확장하느냐의 입장 차이에서 기인한다. 강영세(1986), 임홍빈(1987), 이광호(1988), 고창수(1992), 김귀화(1994), 유동석(1995)에서는 관형격이 [NP_X'] 형상에서 명사구에 배당되는, 주격·목적격과 함께 구조격으로 보는 데 반해,[94) 허웅(1975/1983), 김기혁(1990), 이관규(1992, 1999) 등은 선행 성분

---

93) 사실 우리는 동격 구성보다는 관형격 구성에 집중하여 선행 연구를 살피고 논의를 진행할 것이다. 그러므로 여기서는 동격 구성에 대한 선행 연구를 언급하지 않기로 한다. 동격 구성은 Quirk et al.(1985), 김기혁(1990, 1995), 서정수(1995)를 참조.

94) D-구조에서 그 지배자 속성의 결정에 따라 본유적으로 격 표시되는 본유격(사격, 두 번째 목적격)과 달리 구조격(주격, 목적격, 속격)은 S-구조에서 그 자리에 따라 그 지배자로부터 받는 격이다(Chomsky(1981)). 다음이 기존 논의에서 속격 배당 원리로 제시된 것들이다.

    ⅰ) 가. Chomsky(1981)-명사구는 [np_X']에서 속격이 된다.
        나. 강영세(1986)-명사구와 후치사구는 명사구에 의해 지배될 때 속격
        다. 임홍빈(1987)-N'의 지배를 받는 NP에 [+Genitive]의 격자질을 배당
        라. 김귀화(1994)-문맥적 격:[np_X]:속격 {-의}
        마. 고창수(1992)-[-V] 자질을 갖고 있는 핵은 그 자질을 자신이 지배하는 지정어에 투사한다. 그 경우에 자질을 투사받은 논항은 [+gen]의 자질값을 갖게 되고, 이 논항은 속격이다.

그런데 김귀화(1994)에서는 '의'의 실현 및 생략 여부가 두 구성 성분의 관계와 밀접히 관련되어 있어 속격이 [np_X] 문맥에서 부여·실현되는 것으로 간주함으로써

이 후행 성분을 한정하여 연결될 뿐 서술어와는 아무런 관계가 없다는 이
유로 구조격으로 볼 수 없다고 한다.[95] 우리는 뒤에서 살펴보는 바와 같이
관형격이 일정한 환경에서 구조적으로 부여되므로 구조격으로 본다.

한편 임홍빈(1981나)에서는 속격 구성을 '-의'가 포함된 구성으로 한정
하여, 속격 구성이 다양한 의미 해석을 가지게 되는 것은 속격 조사 '-의'
가 문제의 대상에 대한 존재 전제를 요구하는 의미 특성을 가지고 있기
때문이라 하면서, 속격 구성을 문장의 변형 과정으로 본 서정수(1969), 성
광수(1972), 김봉모(1979) 등을 비판하고 속격 구성이 심층에서 설정되어
야 함을 주장하였다.[96] 김광해(1984)에서는 '의'를 관형조사라고 명명하
고 '의'가 나타나지 않아도 문법성이 유지되는 경우의 'ϕ'를 'zero관형'
이라 하여 구별하나, '의'나 'ϕ'를 동일한 통사 장치, 동일한 의미 기능
을 지닌 속격의 범주에 드는 것으로 규정한다. 곧 '의, ϕ'는 N2가 N1의
범위(또는 영역) 속에서 실재 세계에 존재하는 어떤 관계하에 있음을 표시
하는 의미 기능을 하는데, 속격 구성을 이루는 두 체언이 '소유주-피소유
물'의 관계, '전체-부분'의 관계, '친족' 관계와 같은 항목연결성(Co-
llocability)을 가지면 'ϕ'로 실현될 수 있고, 두 체언이 항목연결성을 가

뒤에서 보일 우리의 입장과 궤를 같이 한다 할 수 있으나 그 구조의 반영에 있어서
는 매우 다른 양상을 띤다. 한편 Chomsky(1986가: 193-194)에서는 명사구에 의한
속격이나 전치사에 의한 격을 본유격으로 상정한다.

95) 허웅(1975/1983)에서는 "일반적으로 이 토씨는 자리토씨의 하나로 보아 왔다. 그러
나 '자리'를 단순히 월에 있어서의 지위로 보지 않고 '풀이말을 중심으로 하여, 다른
월성분이 그에 이끌리는 관계'로 정립한 우리의 생각으로 판단한다면, '-의'는 자리
토씨가 될 수 없다."라고 하여 '의'를 이음토씨(연결조사)로 보았다. 김기혁(1990)에
서는 '의'를 구성 성분 사이의 결속력을 높여 주고 구성 성분 사이의 종속적 연결 관
계를 표시해 주는 연결조사로 파악했으며, 이관규(1992, 1999)에서는 속격과 접속
격이 서술어와 관련이 없고 구 체언 사이의 관계를 나타내므로 구조격으로 인정하
지 않고 '연결'의 차원에서 '의'를 내포연결 (체언 내포소)(또는 내포 접속 조사)로
다루었다.

96) 김명희(1987)은 임홍빈(1981)의 입장에 서서 '의'가 나타나는 구성이 나타나지 않는
구성에 대하여 '일반화'시키는 기능을 하거나 '구체화, 강조화'하는 기능을 가진다고
하였다.

지지 못하거나 통사상의 기능이 강조되는 경우에는 필수적으로 '의'가 출현한다고 한다. 이남순(1988: 71)에서는 속격이 문장 내에서 관여대상의 한계를 알리는 부가어적인 기능을 담당할 때 속격이 지닌 가장 일반적인 통사적, 의미적 특성을 보여 준다고 하면서, 속격 체언이 후속 체언의 영향 범위를 일부 또는 전체 한정한다고 하였다. 그리고 통합만으로 격표시가 가능한 경우인 不定格(Casus Indefinitus)이 일반적인 격표시이고 격표지에 의한 것은 定格(Casus Definitus)이라 하면서, 일례로 부정격이 실현된 '어머니 손길'은 선행 체언이 후행 체언의 부분을 한정하는 것이고(부분 한정), 정격이 실현된 '어머니의 손길'은 선행 체언이 동일한 패러다임 속에서 서로 대립하고 있는 체언들 중 어느 한 체언을 선택하여 한정하는 것이며(선택 한정), 연접하는 두 체언이 내포와 외연에 있어서 서로 한정하고 있는 관계에 있는 '행운의 여신'은 한정사와 피한정사의 체언 전체가 패러다임의 요소가 되는 것이라고 한다.[97] 위의 세 논의는 관형격 조사 '의'의 의미 특성 및 의미 기능을 밝히고 '의'의 실현 여부에 따른 의미 차이를 분석하였다. 그러나 이들은 그 '의'의 실현과 비실현에 의한 의미 차이를 통사 구조적인 차이로 설명하는 데까지는 나아가지 못하였다.

최경봉(1998)에서는 복합어와 구 구성까지를 포함하여 명사와 명사가 연결되어 하나의 의미 단위를 이루는 구성을 명사 연결 구성이라 하면서, 구성 명사의 내용상 특성에 근거하여 '개(의) 다리', '소금물', '마음의 소리' 같은 '집합 관계 구성'과 '문제 해결' 같은 '논항 관계 구성'으로 나눈

---

97) 안병희(1966)은 Ramstedt(1939: 36)이 격조사 없이 나타난 주어를 Nominative라 불러 조사와 결합한 형태와 구별한 것을 받아들여, 목적격이나 속격의 경우에도 조사 없이 나타난 것을 부정격이라 불러 조사와 결합한 격 실현과 구별할 것을 최초로 제안하였다. 즉 "곡용 어간에 서술어가 통합되면 주격, 체언이면 속격, 타동사이면 대격이 표시되는데, 그때 해당 격어미를 가지면 그 격은 강조되어 통합 관계는 명확해"진다는 것이다. 우리는 부정격이 격이 정해지지 않은 격이라고 오해할 수 있다고 지적한 민현식(1982)의 견해에 따라 무표격이란 용어를 사용하기로 한다(김용하(1990: 99)).

다. '논항 관계 구성'은 동사가 자신의 논항을 취하는 것과 같이 후행하는 사건 명사가 선행 명사를 자신의 논항으로 요구하는 구성이다. 이 경우 '철수의 문제(의) 해결', '기업들의 장학금(의) 기부', '우주인(의) 비행', '범인(의) 도피' 등과 같이 서술 기능을 하는 후행 명사의 부류에 따라 그 명사의 논항 관계는 변하고 각각의 논항은 의미역 계층 구조를 따른다. '집합 관계 구성'은 논항 관계를 이루지 않고 수식 관계만을 이루는 명사 연결 구성인데, 논항 관계 구성이 후행 사건 명사를 핵으로 의미 관계가 이루어지는 것과 마찬가지로 핵인 후행 명사가 선행 명사를 선택하면서 의미 관계가 이루어진다.[98] 'N1+(의)+N2' 구성인 '개(의) 다리', '철수(의) 손'은 '소유자와 소유물'의 의미 관계로 통사부에 도입되고, 'N1+N2' 구성인 '강물', '개다리'는 '전체와 구성소'의 의미 관계로 통사부에 도입되기도 하고 '속성과 대상'의 의미 관계로 형태부에 도입되기도 하며, '소금물', '시멘트바닥'은 '속성과 대상'만의 의미 관계로 형태부에 도입된다.[99] 'N1+의+N2' 구성인 '마음의 소리', '사랑의 학교'는 선·후행 명사의 의미 특성만으로 그 의미 관계를 파악할 수 없는, 비유에 의해 확장된 구성으로 그 의미 관계를 ('소유자와 대상'이나 '속성과 대상'으로) 파악할 수 있도록 하는 매개체 '의'가 필수적으로 나타나야 한다.[100] 이상

---

98) 최경봉(1998: 230)은 명사 연결 구성을 의미핵과 의미 논항의 구성으로 보면서, 의미핵은 수식 구성의 의미 중심을 이루는 중심 명사를 말하며, 의미 논항은 핵의 보어나 어휘 개념 구조의 구성 논항이 아니지만 명사 연결 구성에서 핵과 공기하는 수식 명사를 이른다고 하였다. 결국 핵과 수식어의 의미상 특성이 이 둘의 의미 관계와 충돌하지 않으면 모두 의미 논항으로 본다는 것이다.

99) 최경봉(1999: 761)에서는 '속성과 대상'의 의미 관계를 나타내는 경우를 관형 구성으로, '소유자와 소유물', '전체와 구성소'의 의미 관계를 나타내는 경우를 관형격 구성으로 파악하고 있다.

100) 한편 최경봉(1999: 767-771)에서는 'N1+의+N2' 구성과 같이 '소유자와 대상(소유물)', '전체와 부분(구성소)', '기원-현상(상태)' 등의 관계를 이루지 않는 특이한 의미 구성이나, 이러한 의미 관계를 이룬 경우라도 의미 관계 설정이 자연스럽지 못할 때, 선행 명사의 의미를 초점화하는 '의'가 삽입된다고 한다. 또한 'N1+(의)+N2' 구성의 경우, 의미론적으로 제자리를 벗어나 특별한 의미를 전달하고자 할

의 최경봉(1998)의 논의는 구성 명사의 의미 특성과 그 의미 관계를 통해 명사 연결 구성의 적합성 여부를 판단할 수 있으며, '의'의 삽입 여부가 통사·의미적인 차이를 가져온다기보다는 구성 명사의 의미가 '의'의 삽입 여부를 결정한다고 보아 '의' 자체의 의미 특성을 고찰한 앞 논의보다 진일보한 것이라고 볼 수 있다. 또한 합성명사 구성의 의미 관계와 관형 명사구의 의미 관계의 의미적 관련성을 포착한 점도 눈에 띈다. 그러나 합성명사와 관형 명사구의 의미 관계 유형을 너무 협소하게 파악하여 많은 경우의 예들을 모두 포괄할 수 있을지 의문스럽고, 특히 관형 명사구를 주로 논의의 대상으로 삼아 합성명사의 의미 관계에 소홀한 점도 문제가 된다. 또한 '의'의 의미 특성을 기존의 연구와 같이 '선행 명사의 의미 초점화'라고 규정하면서도 그 실현과 비실현의 통사 구조적 차이를 명확히 밝히지 못했다.

3.3.3 관형 명사구의 구조

우리는 먼저 명사구의 범주 확장과 관형격의 부여 원리를 제시하여 명사구의 핵이 수의적으로 논항을 요구할 수 있으며 그 논항은 의미 계층 구조에 따라 그 층위를 달리함을 보일 것이다. 또한 '의'의 의미 특성 및 그 실현과 비실현이 통사적인 구조로 드러남을 주장할 것이다. 이는 명사구의 구성 성분 사이의 의미 관계가 앞 절에서 살핀 명사의 내적 정보인 의미 속성 체계와 외적 정보인 의미 분류 체계에 의한 의미 관계라는 것을 전제로 한다. 이러한 명사구의 고찰은 4장에서 다룰 합성명사의 구조와 의미 관계와 종합적인 접근이 가능하다.

때 격표지가 실현된다고 밝힌 이남순(1998)의 견해를 수용하여 '의'는 의미의 특화나 강화 현상에 이용한다고 말한다.

(1) 관형격 구성의 구조

교차-범주적 문법 기술을 전제하여 명사구의 범주 확장이 보충어와 지정어에 의해 둘까지 가능하다는 것은 핵 계층 이론 이후 일반적으로 받아들여졌으나 이에 대한 비판도 적지 않게 대두되었다. 임홍빈(1987나, 1999나)에서는 특히 명사구의 지정어를 설정하는 데 있어서 그 대상을 제한하였다. 즉 명사구는 명사가 암시하는 사건 구조에서 주요 역할을 하는 참여항을 논항으로 설정할 수 있으며, 의미상의 주어를 지정어로 상정하고 그 외의 논항을 보충어로 상정하는 것이 가능하다고 하면서, 관형사류와 소유 관계의 주체인 소유주는 명사와 필연적인 관계를 가지는 주체가 아니므로 부가어로 분석한다(임홍빈(1999나: 38-40)).[101] 또한 임홍빈(1999나: 7, 38)에서는 명사구의 논항이 수의적임을 들어 이를 명사구 논항이 반논항의 가치를 가지기 때문인 것으로 해석하고, 보충어의 수에 비례하여 중간 투사는 가변적인 것으로 가정한다.[102] 한편 김용하(1990: 39)에서는 국어에는 관사가 없고 지시 형용사나 속격 표지 '의'가 다른 성분과 중첩

---

101) 또한 임홍빈(1999나: 4-6)에서는 관형사와 부사, 감탄사, 접속부사는 보충어나 지정어를 상정할 수 없으므로 투사를 가진다고 볼 수 없고, 대명사나 고유명사, 수사는 사건 구조와 관련되는 어떠한 의미의 보충어나 지정어도 상정할 수 없으며 관형사의 수식을 받지 못하므로 그 자체로 NP 범주를 형성한다고 하였다. 이는 졸고(1995: 8)과 본고 3.1.1에서도 지적한 바 있다. 이에 대하여 최근 최소주의 통사 이론에서는 특정한 핵 계층 골격이 없이 어휘 항목 자체가 투사하는 것으로 가정하면서 어떤 범주가 최소투사이냐 최대투사이냐 하는 것은 그 범주의 고유한 특성이 아니라 그것이 나타나는 구 구조상에서 가지는 상대적 특성이라고 본다(박승혁(1997: 105-108)). Chomsky(1995: 242-243)에서는 '더 이상 투사하지 않는 범주는 최대투사(Xmax 또는 XP)이고, 그 자체가 투사가 아닌 범주는 최소투사(Xmin)'라고 정의한다.

102) "반논항은 실현되지 않으면 없는 것으로 취급하고, 나타나면 온논항으로 취급한다."고 한다(임홍빈(1999나: 11-12)). 한편 문장 구성 성분의 필수성에 대해 단계적으로 분석한 논의로는 '필수적 보어'와 '수의적 보어'로 구분한 정유진(1995)와 '명세 논항, 필수 논항, 잠재 논항, 선택적 부가어, 비선택적 부가어'의 다섯 단계로 구분한 이병규(1996), '절대적 보충어, 의무적 보충어, 수의적 보충어, 중간적 구성 성분, 수의적 부가어, 주변적 부가어'로 구분한 우형식(1996, 1998) 등이 있다.

될 수 있으므로 투사를 폐쇄한다는 지정어가 부가어처럼 기능한다고 하여 명사구의 범주 투사는 하나라고 제안하였다.[103]

우선 명사구 '적의 그 도시(의) 파괴', '철수의 늙은 아버지(의) 사진'의 경우, '적' 같은 의미상의 주어와 '철수'와 같은 소유주[104]는 동일한 분포를 보이므로 지정어라고 할 수 있다. 즉 '적'과 '철수'는 각각 '파괴'와 '사진'에 대해 행위자의 의미역 논항으로 기능하거나 소유주로 기능하는 본질적인 지정어인데 필연적으로 관형격 조사 '의'가 실현되어 있다. 그리고 '그 도시'는 '파괴'의 대상 의미역 논항으로, '늙은 아버지'는 사진에 찍힌 인물로 '사진'의 대상이자 유형으로 각각 (수의적으로 나타나지 않을 수도 있지만 나타난다면 필연적으로) 핵 성분인 후행 성분의 의미 구조에 의해 요구되는 성분인 보충어로 기능한다. 즉 명사구에서 보충어인 선행 성분은 핵인 후행 성분이 실체 명사이든 비실체 명사이든 그 의미 구조에 의해 필연적으로 나타나야 하거나 나타날 수 있는 성분으로 일반적으로 핵 명사의 대상이나 유형 또는 그 내용을 지시한다. 그런데 이들 보충어는 '의'가 실현되어 다른 의미 관계를 가지면서 지정어로 기능하기도 한다. 이를 우리는 다중 지정어로 파악하고자 한다.[105] 지정어의 기능이 투사

---

103) 임홍빈(1999나: 10)에서도 "모든 범주에 대하여 지정어를 상정해야 하는 것은 아니고, 지정어는 투사를 폐쇄하나 지정어를 찾을 수 없을 때는 중간 투사만으로도 투사가 폐쇄되는 것으로 보며, 투사가 폐쇄될 경우 그것을 최대투사로 정의한다."고 하여 위에서 언급한 바와 같이 지정어를 '주어나 의미상의 주어에 해당하는 성분'에 한정한다. 이는 최소주의 통사 이론의 최소투사와 최대투사 개념을 염두에 둔 것으로 판단된다.

104) 채현식(2000: 14)에서는 [소유주 Possessive]를 '철수 손', '철수 가방' 같은 좁은 의미의 [소유주 Owner]와 '철수 발자국'의 [기원 Source], '시골 공기'의 [장소 Location], '현대 음악'의 [시간 Time]을 포괄하는 넓은 개념으로 사용하나, 우리는 좁은 의미의 [소유주 Owner]만을 소유주로 인정하여 지정어에 위치시킨다. 그리고 '철수 손'은 '철수 가방'과 달리 어휘 특성상 필연적으로 '손'이 '철수'를 요구하므로 보충어로 파악한다. 또한 '철수 손', '철수 발자국', '시골 공기', '현대 음악' 등은 선행 성분이 후행 성분에 대하여 보충어로 기능하나 뒤에서 살펴보는 바와 같이 '의'가 실현되어 지정어로 기능하기도 한다.

105) 지정어가 나타나지 않은 '(그) 도시 파괴', '(늙은) 아버지 사진'은 N'가 NP가 되므

를 폐쇄하는 것이라 한다 하더라도 Chomsky(1995)와 임홍빈(1999나)의 최대투사 개념을 상기한다면 중첩되어 나타나는 '의' 명사구는 모두 지정어인 것이다.

이와 같은 명사구 구조는 다음과 같은 특징을 보인다.106) 첫째, 문장에서는 지정어와 보충어가 어순재배치가 가능하지만 아래에서 보는 바와 같이 명사구에서는 지정어와 보충어가 비대칭성을 보여 어순재배치가 불가능하다.

(15) 가. *그 도시(의) 적(의) 파괴
     나. *늙은 아버지(의) 철수(의) 사진('늙은 아버지를 찍은 사진'의 의미
         에서)
     다. *철수(의) 상장(의) 영희에게(의) 수여
     라. *철수(의) 자기i 인식(의) 영희i에게(의) 촉구

둘째, '적의 그 도시 파괴', '*적 그 도시 파괴'나 '철수의 늙은 아버지 사진', '*철수 늙은 아버지 사진'과 같이 진정한 보충어 성분만이 '의' 없이 나타날 수 있으며 지정어 성분은 필연적으로 '의'가 나타나야 한다. 이는 아래 (16)에서도 확인된다.107)108)

로 더 이상 투사하지 않은 범주 곧, 최대투사이다. 이는 임홍빈(1999)의 지적대로 보충어와 마찬가지로 지정어도 가변적임을 말한다. 사실 다중 지정어를 중첩된 부가어 곧 다중 부가어라고도 할 수 있다.

106) 아래의 논의는 김용하(1990: 39-103), 임홍빈(1999나: 38-39)를 참고하였다.

107) 임홍빈(1999나: 39)에서는 보충어가 세 개인 경우로 '철수의 이 책의 영어로부터의 한국어로의 번역'을 들고 있다. 그러나 박진호(1994: 53)에서 지적한 대로 '영어로부터'와 '한국어로'가 별개의 논항이라면 서로의 존재와는 상관없이 독자적인 행동을 보여야 하나 기원(source)인 '영어로부터'는 목표(goal)인 '한국어로' 없이는 쓰일 수 없고 기원과 목표가 경로(path)라는 하나의 논항에 대한 명세라고 보면 '번역'은 주체와 대상, 경로라는 세 개의 논항, 곧 두 개의 보충어를 취한다고 할 수 있다. 사실 위의 예는 정상적이라고 판단되기 어려운 점이 있는데, '철수의 이 책의 [영어로부터/에서 한국어로]의 번역'이나 '철수의 이 영어책의 한국어로의 번역'이 훨씬 자연스럽다.

108) 재차 말하지만 '철수의 잠', '잠', '적의 파괴', '파괴', '철수의 사진', '사진'처럼 명

(16) 가. 철수의 영희에게의 상장의 수여
　　가'. 철수의 영희에게의 상장 수여
　　가". *철수 영희에게의 상장의 수여
　　가"'. *철수의 영희에게 상장의 수여
　　나. 철수의 영희에게의 자기 인식의 촉구
　　나'. 철수의 영희에게의 자기 인식 촉구
　　나". *철수 영희에게의 자기 인식의 촉구
　　나"'. *철수의 영희에게 자기 인식의 촉구

이와 관련하여 '아인슈타인 책'은 '아인슈타인이 가진/쓴 책'이라는 의미와 '아인슈타인에 대한 책'이라는 의미가 모두 가능하여 중의적이나, '아인슈타인의 책'은 '아인슈타인이 가진/쓴 책'의 의미만이 가능하다. 또한 보충어가 나타나지 않은 경우, '*신라 통일', '신라의 통일'에서 보는 바와 같이 둘 사이는 분명히 문법성 차이를 보인다. 결국 지정어 성분은 '의'를 요구한다.

셋째, 보충어 성분에 '의'가 실현된 경우와 실현되지 않은 경우가 '그것' 대용에 있어서 다른 양상을 보인다.

(17) 가. 적군의 아군 기지의 파괴가 아군의 적군 기지의 그것보다 더 큰 피해를 입혔다.
　　가'. *적군의 아군 기지 파괴가 아군의 적군 기지 그것보다 더 큰 피해를 입혔다.
　　나. 철수의 아버지의 사진이 돌이의 아버지의 그것보다 더 낡았다.
　　나'. *철수의 아버지 사진이 돌이의 아버지 그것보다 더 낡았다.

마지막으로 보충어 성분에 '의'가 실현된 경우와 실현되지 않은 경우 핵과 보충어 사이에 다른 수식어가 끼어들면 다음과 같이 다른 문법성을 보인다.

사구의 지정어와 보충어는 수의적 성분으로 나타나지 않을 수 있다.

    (18) 가. 철수의 예쁜 여동생[109]
        가′. *철수 예쁜 여동생
        나. 철수의 늙은 아버지의 낡은 사진
        나′. *철수의 늙은 아버지 낡은 사진
        다. 철수의 언어학의 세심한 연구
        다′. *철수의 언어학 세심한 연구

이상의 논의를 통해 볼 때 명사구는 지정어와 보충어가 비대칭성을 보이고 '의'의 실현 여부에 있어서 차이를 보이며, '의'가 실현된 명사구와 실현되지 않은 명사구가 분명히 다른 통사적 현상을 드러냄을 알 수 있다. 이는 '의'의 실현 여부에 따라 지정어와 보충어라는 분명히 다른 구조적 지위를 가진다는 것을 의미하는데, 본질적으로 후행 성분인 핵에 대하여 대상이나 유형 곧 내용을 지시하는 선행 성분은 '의'가 실현되지 않은 상태에서 보충어 위치에 나타나고, '의'가 실현된 그 선행 성분은 지정어 위치에 나타나 관형격을 받는다. 또한 행위자와 소유주는 '의'가 필수적으로 나타나 지정어 자리에서 관형격을 받으므로 결국 지정어와 보충어 성분에 '의'가 나타나는 경우는 다중 지정어 구성을 이룬다. 이에 우리는 '의'가 실현되지 않은 보충어 자리에서는 무표격이 실현된다고 보고 다음과 같은 관형격 부여 원리를 제안한다.

    (19) 국어의 관형격 부여 원리
        가. [_N']의 환경에서 NP(명사구)에 관형격을 부여하라.[110]

---

109) '철수 여동생'을 우리는 보충어–핵 관계로 보는데 '여동생'은 어휘 특성상 필연적으로 관계를 나타내는 대상을 요구하기 때문이다.

110) 사실 명사구뿐만 아니라 조사구에서도 구조적으로 관형격이 부여된다. 이 경우 구조격인 주격과 대격 조사구는 제외된다. 즉 아래와 같이 본유격(어휘격/부사격) 조사구와 보조사구 또는 이들이 복합된 조사구가 [_N']의 환경에서 명사구와 마찬가지로 관형격을 부여받는다. 이들 조사구가 명사구로 재분석된 것으로 해석한 임홍빈(1999)를 받아들인다면 (19)처럼 단일하게 '명사구가 관형격을 부여받는다'고 해도 무방하다.

나. [_N]의 환경에서 NP(명사구)에 무표격(unmarked Case) ϕ을 부여하라.

(19가)는 [_N']의 환경만 주어지면 언제든지 구조적으로 그 명사구에 유표격인 관형격을 부여할 수 있으며, 관형격이 중첩된 경우에는 다중 지정어 구성을 이루어 구조적으로 같은 해석을 할 수 있음을 의미한다. 그리고 (19나)는 [_N]의 환경에 나타나는 보충어가 유표격인 관형격이 아닌 무표적인 관형격으로 실현된 것임을 밝힌 것이다. 즉 (19)를 통해 지정어와 보충어의 구조적 차이와 함께 '의'의 실현 여부를 구조적으로 설명할 수 있다. 결국 '적의 그 도시 파괴'와 '적의 그 도시의 파괴', '철수의 늙은 아버지 사진'과 '철수의 늙은 아버지의 사진'에 대한 구조는 다음과 같다.

(20) 가.

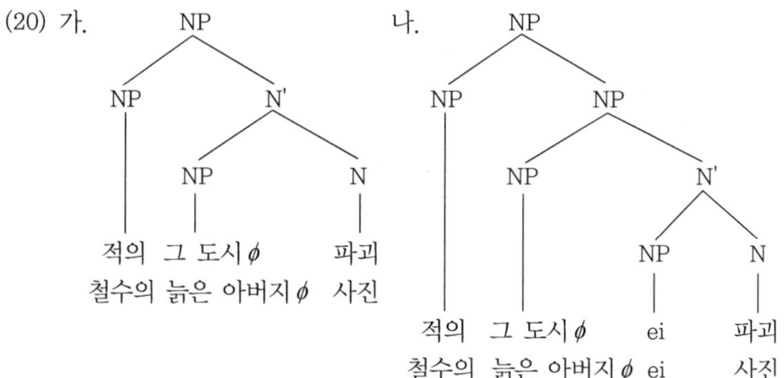

(2) 동격 구성의 구조

그렇다면 또 다른 관형 명사구인 동격 구성의 구조는 어떻게 이해해야

---

i) 가. 본유격 조사: -로의, -에의, -와의, -에로의, -에와의, -에게의, -에게로의, …
　　나. 보조사: -만의, -뿐의, -마다의, -부터의, -까지의, -밖에의, -로서의, …
　　다. 복합 조사: -에게만의, -와만의, -로서만의, -로부터의, -로까지의, …

하는가? 앞에서 동격 구성은 '의'가 필연적으로 나타나지 않는 구성이고, 관형격 구성은 '의'가 나타나기도 하고 나타나지 않기도 한다고 하였다. 이를 (19)를 통해 이해하자면, 동격 구성과 '의'가 실현되지 않은 관형격 구성은 후행 성분과 선행 성분이 핵-보충어 관계에 있으면서 보충어 성분이 무표격을 부여받은 경우이고, '의'가 실현된 관형격 구성은 지정어 자리에서 관형격을 부여받는 경우라고 할 수 있다. 그러나 동격 구성은 '의'가 실현되지 않은 관형격 구성과 같은 구조를 가진 것으로 볼 수 없다. (12라)를 다시 제시하여 동격 구성을 살펴보자.

> (12) 라. 가난뱅이 아버지, 부자 아들, 국군 아저씨, 반도 대한, 성군 세종, 충신 정몽주, 명산 백두산, 숙소 서울 호텔, 주인 할머니, 새끼 곰, 엄마 곰, 소년 가장, 여자 행원, 욕심쟁이 철수, 벙어리 삼룡이, 딸자식, 자식새끼, 손자며느리//대학생 어머니(어머니 대학생), 시인 무용가(무용가 시인), 윤봉길 의사(의사 윤봉길), 교수 아버지(아버지 교수), 김동윤 교수(교수 김동윤), 이승만 대통령(대통령 이승만), 소연(이) 친구(친구 소연(이)), 동건(이) 형(형 동건(이)), 동빈(이) 동생(동생 동빈(이)), 김동민 학생(학생 김동민)//김 교수, 의사 선생, 박 선생, 이 형, 최 사장, 정 선배, 노 후보, …

(12라)는 다시 세 부류로 나눌 수 있다. 하나는 '가난뱅이 아버지(*아버지 가난뱅이)', '부자 아들(*아들 부자)', '국군 아저씨(*아저씨 국군)'과 같이 두 구성 성분이 자리를 바꿀 수 없는 부류이고, 또 하나는 '대학생 아버지(아버지 대학생), '시인 무용가(무용가 시인)', '윤봉길 의사(의사 윤봉길)'처럼 두 구성 성분이 자리를 바꿀 수 있는 부류이다. 마지막 하나는 두 번째 부류의 많은 예가 그 하나의 성분이 사람의 성과 이름 또는 이름만으로 그 자리를 차지하고 있는 것과 달리 '김 교수(*교수 김)', '박 선생(*선생 박)', '의사 선생(*선생 의사)', '이 형(*형 이)'처럼 선행 성분에 사람의 성

이나 직함이 쓰이고 후행 성분이 호칭으로 기능하여 두 구성 성분이 자리를 바꿀 수 없는 부류이다. 그런데 이들 세 부류 모두 각각의 구성 성분은 사람 명사이거나 사물 명사일 뿐 사건, 상태, 추상물, 위치 명사가 아니다. 그리고 이러한 구성 성분이 지시하는 개체가 하나이고 고유명사가 두 구성 성분 중 하나인 예들이 많이 있으므로 개체가 둘 이상임을 나타내는 병렬 구성도 아니고 보충어(NP)와 핵(N^0) 관계의 관형격 구성도 아니다. 우리는 잠정적으로 동격 구성을 구조적으로는 병렬 구성과 같아 'NP1＋NP2'이지만 의미적으로는 관형격 구성과 같이 NP1이 NP2를 수식하는 구성으로 파악한다.[111]

3.3.4 관형격 구성의 의미 관계

이제 관형격 구성에서 그 구성 성분 간에 나타나는 의미 관계를 살펴보자. 앞서 확인한 바와 같이 관형격 구성은 '의'가 실현된 경우와 실현되지 않은 경우가 분명히 다른 통사적 현상을 드러내고 '의'의 실현 여부가 분명히 다른 구조적 지위를 가진다. 이는 관형격 구성의 성분들이 핵−보충어 관계에 있는 경우의 '의' 실현 여부와, 핵−지정어 관계인 경우의 '의' 실현이라는 두 가지 측면 모두가 '의'의 의미 특성을 밝힐 수 있고 두 구성 성분 간의 의미 관계를 결정한다는 것을 전제한다. 결국 '의' 실현 여부가 관형격 구성에서 여러 다양한 의미적 특성을 나타내는 요인이라고 할 수 있다.

먼저 국어 명사의 의미 분류에 따라 관형격 구성의 구성 성분을 분류해 보면, 아래와 같이 모든 명사 유형들이 선행 성분과 후행 성분으로 기

---

111) 물론 '딸자식, 자식새끼, 손자며느리'의 경우는 'NP1＋NP2' 구성이 어사화를 겪어 N^0가 된 것이다.

능할 수 있지만 그 분포에 있어서 차이가 나는 것이 확인된다. 이는 앞 절에서 살핀 명사의 내적 정보인 의미 속성 체계와 외적 정보인 의미 분류 체계를 고려하면 당연한 현상이다.(자세한 논의는 생략하기로 한다.)

(21) 가. 사람+사람: 시누이(의) 남편, 사돈의 팔촌의 팔촌, 사장(의) 친구, …
　　　나. 사물+사람: 책(의) 임자, 강아지(의) 주인, 충청도(의) 남자, 금테 안경(의) 신사, 바람의 아들, …
　　　다. 사건/상태+사람: 재일 상공인, 친일본 인사, 성공의 주인공, …
　　　라. 추상물+사람: 반국가 사범, 어둠의 자식들, …
　　　마. 위치+사람: 주변(의) 사람, 다음(의) 사람, 봄 처녀, 가을 남자, …

(22) 가. 사람+사물: 철수(의) 책, 영희(의) 얼굴, 아버지(의) 사진, 철수의 마음의 고향, 여성 잡지, 학생 신문, …
　　　나. 사물+사물: 학교(의) 운동장, 야구공(의) 가방, 개(의) 다리, 고려(의) 자기, 강원도(의) 감자, 나무(의) 그림자, 밤하늘의 별, 고향의 겨울 바다, 정부의 대북 성명, 동물 병원, 바다(로부터의) 선물, 눈물의 손수건, …
　　　다. 사건/상태+사물: 거대 도시, 통계(의) 자료, 주프랑스 대사관, 미국행 비행기, 물 부족 국가, 비난의 화살, 구원의 손길, …
　　　라. 추상물+사물: 사립 중학교, 보조 단추, 가정식 백반, 행운의 여신, 사랑의 학교, …
　　　마. 위치+사물: 옆(의) 건물, 점심(의) 식사, 저녁(의) 반찬, …

(23) 가. 사람+사건/상태: 철수(의) 실수, 아이(의) 울음, 딸(의) 행복, …
　　　나. 사물+사건/상태: 쓰레기(의) 처리, 국가(의) 혼란, 미국(으로의) 진출, 결혼식(에의) 참석, 기념식(에서의) 연설, …
　　　다. 사건/상태+사건/상태: 전쟁(의) 종식, 건강(의) 악화, 공부로부터의 해방, …
　　　라. 추상물+사건/상태: 가격(의) 하락, 문제(의) 해결, 언어학(의) 연구, 업무(의) 파악, 운동(의) 부족, 교칙(의) 문란, 원기(의) 소진, 대국민 사과, 직업별 통계, …
　　　마. 위치+사건/상태: 작년(의) 비행, 새벽(의) 운동, 오늘(의) 불행, 어제(의) 패배, …

(24) 가. 사람＋추상물: 박지원(의) 소설, 학생(의) 신분, 선생님(의) 말씀,
　　　　너와 나와의 우정, 우리의 첫 만남, 사회인으로서의 책임, 친구와
　　　　의 약속, …

　　나. 사물＋추상물: 고국(의) 소식, 고향(의) 맛, 무대(의) 매너, 마을의
　　　　음산한 분위기, 신의 축복, 신의 저주, …

　　다. 사건/상태＋추상물: 전쟁(의) 소식, 청결(의) 상태, 연구(의) 목적,
　　　　노력(의) 결과, 승리의 기쁨, 이별의 슬픔, 부활의 신호, …

　　라. 추상물＋추상물: 최고(의) 수준, 법(의) 정신, 국제(적) 관계, 제도
　　　　적 모순, 정신(의) 상태, 마음의 소리, 자연의 노래, …

　　마. 위치＋추상물: 현대(의) 음악, 가을(의) 노래, 다음(의) 문제, 어제
　　　　(의) 사건, 주변(의) 환경, …

(25) 가. 사람＋위치: 애인 사이, 두 사람(의) 틈, 관계자 이외, …

　　나. 사물＋위치: 학교(의) 주변, 처마(의) 밑, 책상(의) 모서리, 건물
　　　　(의) 사이, 서울의 낮과 밤, 학교에서의 하루, …

　　다. 사건/상태＋위치: 운동 후, 결혼 전, 휴식 이외, 필요 이상, …

　　라. 추상물＋위치: 업무(의) 시간, 휴가(의) 막바지, 결과(의) 밖, …

　　마. 위치＋위치: 올해(의) 초, 마지막 가을, 겨울(의) 무렵, 시월(의)
　　　　하순, 오늘(의) 오전, 십년 이상, …

이제 관형격 구성을 그 구조적 특성에 따라 새로 분류해 보자.

(26) 가. 문제 해결, 도시 파괴, 쓰레기 처리, 운동 부족, 가격 하락, …

　　가'. 문제의 해결, 도시의 파괴, 쓰레기의 처리, 운동의 부족, 가격의
　　　　하락, …

　　나. 어머니 손길, 차 엔진, 개 다리, 흥부 형, 아버지 사진, 시누이 남편,
　　　　학교 운동장, 문 손잡이, 가을 노래, 팔 힘, 소매 단추, 책 임자, …

　　나'. 어머니의 손길, 차의 엔진, 개의 다리, 흥부의 형, 아버지의 사
　　　　진, 시누이의 남편, 학교의 운동장, 문의 손잡이, 가을의 노래,
　　　　팔의 힘, 소매의 단추, 책의 임자,112) …

　　다. 여성 잡지, 축구 선수, 야구공 가방, 현대 음악, 문법 책, 중국 요
　　　　리, 충청도 남자, 동물 병원, 백두산 호랑이, 애인 사이, 도시 사

---

112) '책(의) 임자', '소(의) 주인'은 '소유주-소유물' 관계가 아니라 '소유물-소유주' 관
　　계 구성이다.

람, 강화 쌀, 연필 글씨, 재일 상공인, 친일본 인사, 반국가 사범,
봄 처녀, 거대 도시, 주프랑스 대사관, 미국행 비행기, 물 부족
국가, 사립 중학교, 보조 단추, 가정식 백반, 대국민 사과, 직업
별 통계, 관계자 이외, 운동 후, 결혼 전, 휴식 이외, 필요 이상,
마지막 가을, 십년 이상, …
다'. "여성의 잡지, *축구의 선수, '*야구공의 가방, "현대의 음악, *문
법의 책, "중국의 요리, "충청도의 남자, '*동물의 병원, "백두산
의 호랑이, '*애인의 사이, '*도시의 사람, "강화의 쌀, *연필의 글
씨, *재일의 상공인, *친일본의 인사, *반국가의 사범, *봄의 처녀,
*거대의 도시, *주프랑스의 대사관, '*미국행의 비행기, '*물 부족
의 국가, *사립의 중학교, *보조의 단추, '*가정식의 백반, '*대국민
의 사과, '*직업별의 통계, *관계자의 이외, *운동의 후, '*결혼의
전, *휴식의 이외, 필요의 이상, *마지막의 가을, *십년의 이상, …
라. 동생 신발, '영이 강아지, '박지원 책, '이광수 소설, '이순신 배, *책상
꽃, '사전 단어, …
라'. *동생 나이키, *영이 피터, '*박지원 열하일기, '*이광수 무정, '*이
순신 거북선, *책상 들국화, …
라". 동생의 신발, 영이의 강아지, 박지원의 책, 이광수의 소설, 이순
신의 배, 책상의 꽃, 사전의 단어, …
라'''. 동생의 나이키, 영이의 피터, 박지원의 열하일기, 이광수의 무
정, 이순신의 거북선, 책상의 들국화, …
마. 성공의 주인공, 눈물의 손수건, 비난의 화살, 행운의 여신, 승리
의 기쁨, 이별의 슬픔, 구원의 손길, 부활의 신호, 신의 축복, 마
음의 소리, 자연의 노래, 사랑의 학교, 바람의 아들, 어둠의 자식
들, …
바. 학교에서의 하루, 사회인으로서의 책임, 공부로부터의 해방, 친구
와의 약속, …
바'. 미국((으로)의) 진출, 결혼식((에)의) 참석, 기념식((에서)의) 연
설, …

이남순(1988)에서는 (26)의 관형격 구성을 한정 관계로 파악한다. 선·
후행 명사가 多 : 1의 관계이면 '부분 한정' 관계로 선행 명사가 후행 명
사의 부분을 한정하는데, 이 경우는 부정격(무표격)(ϕ)으로 '의'가 실현되

지 않는 관형격 구성을 이룬다고 한다. 그리고 선·후행 명사가 1 : 多의 관계이면 '선택 한정' 관계로 선행 명사가 동일한 패러다임 속에서 서로 대립하고 있는 명사들 중 어느 한 명사를 선택하여 한정하는데, 이 경우는 정격(유표격)인 '의'가 실현된 관형격 구성을 이룬다고 한다. 즉 '어머니 손길', '학교 운동장', '쓰레기 처리', '여성 잡지', '영이 강아지'는 후행 명사 '손길, 운동장, 처리, 잡지, 강아지'가 전제되어 있고 선행 명사로 각각 '누나, 아파트, 음식물, 아동, 철수' 등도 가능하지만 특별히 '어머니, 학교, 쓰레기, 여성, 영이'를 한정하여 초점을 둔 것이고, '어머니의 손길', '학교의 운동장', '쓰레기의 처리', '여성의 잡지', '영이의 강아지'는 선행 명사 '어머니, 학교, 쓰레기, 여성, 영이'가 전제되어 있고 후행 명사로 각각 '체취, 교실, 배출, 신문, 책' 등도 가능하지만 특별히 '손길, 운동장, 처리, 잡지, 강아지'를 선택하여 한정함으로써 초점을 둔 것이라는 것이다.113) 한편 선·후행 명사가 1 : 1의 관계이면 '부정 한정' 관계로 그 명사구 전체가 패러다임의 요소가 되어 전제 여부와 관계없이 선행 명사와 후행 명사가 모두 초점을 받을 수 있는데, 이 경우는 '의'가 필수적으로 실현된 관형격 구성을 이룬다(예는 (26라''', 마)).114) 이에 우리는 다음과 같은 의문을 갖는다.

(27) 가. 왜 '의'의 실현 여부에 따라 한정 관계가 달라지는가?
　　　나. 왜 다른 예와 달리 (26다, 다')은 '의' 실현이 불가능한가?
　　　다. 왜 (26마)와 같은 구성에서 '의'가 필연적으로 실현되는가?
　　　라. 왜 (26바, 바')과 같이 조사류와 '의'가 함께 실현하기도 하고 실현하지 않기도 하는가?

---

113) 이로써 두 구성은 '학교의 [운동장, 돌다리, 나무]'와 '*학교 [운동장, 돌다리, 나무]', '*나의, 영희의, 순자의 얼굴'과 '나, 영희, 순자 얼굴', '*현대 [음악, 무용, 시]'와 '현대, 근대, 고전 음악' 등과 같이 병렬 구성과 후행 명사 생략에 있어서 차이를 보인다.
114) 왕문용(1988), 정희정(2000)에서도 전제와 초점 관계로 관형 명사구를 논의하였다.

　이는 '의'의 의미 특성과 기능, 관형격 구성 성분의 의미 관계를 모색함으로써 가능한데, 최경봉(1995, 1998, 1999)에서 그 일면을 보여 준다. 앞에서 살펴본 바와 같이 최경봉(1998)에서는 '의'의 실현 여부가 관형격 구성 성분의 의미를 통해 결정된다고 하여 구성 성분의 의미 관계가 '소유자와 대상(소유물)', '전체와 부분(구성소)', '기원과 현상(상태)'인 경우는 '의'가 실현되기도 하고 실현되지 않기도 하는 데 반해, '속성과 대상'의 의미 관계이면 '의' 실현이 불가능하여 합성명사를 형성하게 된다고 하였다. 또한 '의'가 필연적으로 실현되는 경우는 '소유자와 대상(소유물)', '전체와 부분(구성소)', '기원과 현상(상태)' 등의 의미 관계를 이루지 않는 특이한 구성이거나, 이러한 의미 관계를 이루더라도 의미 관계 설정이 자연스럽지 못한 경우라는 것이다. 이때의 '의'의 의미 특성과 기능은 의미의 초점화, 강화, 특화이다.

　이러한 최경봉의 일련의 논의는 (27라)를 제외한 세 가지 문제에 접근한 것이라 할 수 있다. 왜냐하면 '의'의 의미 특성과 기능인 '의미의 초점화, 강화, 특화'와, 구성 성분의 의미 특성에 따른 가능한 의미 관계 '소유자와 대상(소유물)', '전체와 부분(구성소)', '기원과 현상(상태)', '속성과 대상' 등이 '의'의 실현 여부에 결정적인 역할을 하기 때문이다. 그러나 이러한 관형격 구성 성분의 의미 관계만으로 (26)의 많은 예들을 모두 포괄할 수는 없으며 잘못된 결과를 초래하게 된다. 특히 (26다)의 경우 최경봉(1998)은 '속성과 대상'의 의미 관계로서 합성명사라고 보는데, 최경봉(1998: 235)에 제시된 '소금물, 보리차, 실바람, 시멘트바닥, 영어책'('소금물'형)과 '개다리, 강물, 우리나라'('개다리'형)는 다른 의미 관계를 가진다고 봐야 한다. 이들은 후행 명사에 대해 선행 명사가 〈재료〉(소금물/보리차/시멘트바닥), 〈형상〉(실바람), 〈유형, 대상〉(개다리/강물/영어책)의 의미로 쓰여 본질적인 '속성과 대상'의 의미 관계는 〈재료〉(소금물/보리차/시멘트바닥),

〈형상〉(실바람)의 경우로 이들이 곧 본질적인 합성명사라 할 수 있다. 〈유형, 대상〉(개다리/강물/영어책)의 예는 (26나)와 (26다)의 경우인데 이 둘 모두 합성명사라 볼 수 없고 (26나)와 달리 (26다)는 '의' 실현이 불가능하다. 최경봉(1998)을 포함하여 일련의 논의에는 이에 대한 명확한 설명이 없고, 또한 (26바) 곧 (27라)에 대해서도 언급하지 않았다. 그리고 '의'의 의미 특성을 '선행 명사의 의미 초점화, 강화, 특화'라고 규정하면서도 이를 구조적으로 설명하지 못했다.

(26가)는 후행 성분이 사태 명사로 선행 성분에 〈대상Theme〉의 의미역을 부여하여 선행 성분이 보충어로 기능하는 경우인데, 이때 선행 성분에는 '의'가 실현되지 않고 무표격이 부여되었다. 그러나 (26가')에서 보는 바와 같이 선행 성분이 유표격인 관형격을 부여받아 '의'가 실현되어 지정어에 위치할 수도 있는데, 이때 선행 성분은 〈수동자Patient〉의 의미역 해석을 받는다고 볼 수 있다(강영세(1986: 34), 최경봉(1998: 221)). (26나)는 후행 성분의 의미 구조에 의해 선행 성분이 필연적으로 나타나 보충어로 기능하는 경우로 〈유형, 대상Type/Theme〉의 의미 관계를 보인다. 이 경우는 관형격 조사 '의'가 실현되지 않는데, 후행 성분이 전제가 되고 선행 성분은 초점이 놓여 후행 성분의 유형 또는 대상이 된다. 그러나 (26나')은 '의'가 실현된 경우로 보충어로서의 〈유형, 대상〉 관계가 아니라 지정어에 위치하여 〈소유Possession〉, 〈처소Location〉, 〈시간Time〉, 〈기원Source〉의 의미 관계를 보인다. 이때는 선행 성분이 전제가 되고 후행 성분에 초점이 놓인다. (26다)는 (26나)와 같이 〈유형, 대상〉의 의미 관계를 보이며 선행 성분이 '의'가 실현되지 않고 보충어로 기능하는데, (26다')은 (26나')과 달리 관형격 조사 '의'가 실현되어 지정어에 위치할 수 없다. 곧 (26나')이 지정어에 위치하여 〈소유〉, 〈처소〉, 〈시간〉, 〈기원〉의 의미 관계를 보이는 것과 달리 (26다')은 그러한 의미 관계가 불가

능하고 단지 〈유형, 대상〉의 의미 관계만을 유지하고 있다고 볼 수 있다.[115]

한편 (26라)류를 보면 (26라", 라''')에 비해 (26라)는 문법성이 떨어지고 (26라')은 거의 인정되지 않는 구성이다. 즉 (26라", 라''')은 '의'가 반드시 실현되는 선행 성분이 후행 성분과 〈소유Owning〉, 〈처소〉의 의미 관계를 가지고 지정어에 위치해 전제가 되는 경우인 데 반해 (26라, 라')은 〈소유Owning〉의 의미로 파악하기 어렵다.[116]

(26마)는 이남순(1988)에서 말한 대로 선·후행 성분이 내포와 외연에 있어서 서로 한정하는 관계에 있어 전제 여부와 관계없이 어느 쪽에나 초점이 놓일 수 있는 구성으로서, 선·후행 성분이 특별한 의미 관계를 형성하는 것이 아니라 그 의미 관계가 비유적으로 확장된 것이라 할 수 있다. 즉 '신의 축복, 자연의 노래'는 선·후행 성분이 〈행위자Agent〉의 의미 관계에 있으며, '성공의 주인공, 구원의 손길, 사랑의 학교, 행운의 여신, 바람의 아들, 어둠의 자식들'은 〈소유〉의 의미 관계, '비난의 화살, 승리의 기쁨, 이별의 슬픔, 마음의 소리, 사랑의 힘, 부활의 신호'는 〈기원〉의 의미 관계로서 선행 성분에 '의'가 필연적으로 실현되어 지정어에 위

---

115) (26다')의 예 중 '여성의 잡지, 현대의 음악', '중국의 요리', '충청도의 남자, 백두산의 호랑이, 강화의 쌀'이 가능할 것도 같다. 그렇다면 (26나')과 같이 〈소유〉, 〈처소〉, 〈시간〉, 〈기원〉의 의미 관계를 갖는다는 보면 되는데, 그렇다고 하더라도 (26나')의 경우보다 어딘가 어색하고 (26다')의 다른 예는 거의 인정될 수 없다.

116) '동생 신발'이 '동생의 신발'과 마찬가지로 〈소유Owning〉의 의미를 가지고도 어색하지 않다. 사실 '동생 신발'은 관형격 조사 '의'가 생략된 경우로 보충어 성분에 부여되는 무표격과는 다르게 이해해야 한다. 즉 관형격 조사의 비실현에는 무표격에 의한 비실현과 생략에 의한 비실현이 있는 것이다. '동생 신발'과 '동생의 신발' 사이에는 '?*동생 찢어진 신발', '?*학교에 간 동생 신발'과 '동생의 찢어진 신발', '학교에 간 동생의 신발'에서와 같이 문법성의 차이를 보이므로 우리의 논의가 잘못된 것은 아닐 것이다. 한편 우리는 〈소유〉를 〈Owning〉과 〈Possession〉으로 구분하는데, 전자는 '철수의 옷'처럼 본래 지정어 자리에서 부여되는 논항의 의미이고 후자는 '철수(의) 손'처럼 보충어 성분이 지정어로 기능하면서 획득된 파생적 의미이다. 결국 후행 성분의 어휘 의미 구조에 따라 〈소유〉를 '讓渡性'에 의해 구분한다.

치한다고 할 수 있다.

(26바)는 후행 성분이 사태 명사로 선행 성분에 다른 조사와 '의'가 모두 실현되어 있는데, '학교에서의 하루, 사회인으로서의 책임'과 같이 후행 성분에 대해 선행 성분이 논항으로 기능하지 않는 경우와 '공부로부터의 해방, 친구와의 약속'처럼 논항으로 기능하는 경우 모두 가능하다. (26바')은 '국내 자동차의 미국으로의 진출', '국내 자동차의 미국의 진출', '국내 자동차 미국 진출'처럼 다른 조사와 '의'가 함께 실현되기도 하고, '의'만 실현되거나 또 '의'도 실현되지 않거나 하는 경우이다. 자세하게 논의하지는 않으나 이들은 결국 〈대상〉, 〈수동자〉의 의미역을 가지는 (26가, 가')과 달리 논항들이 〈도달점Goal〉과 〈처소〉, 〈기원〉의 의미역을 가져 '의'가 실현된 상태에서 지정어에 위치하는 것이 일반적이다. 논항이 아닌 예외적인 경우도 우리는 잠정적으로 후행 성분에 이끌려 조사와 '의'가 결합된 형태로 지정어에 위치한다고 본다.[117]

이상의 논의를 통해 관형격 구성에서, 선행 성분에 무표격이 부여되어 '의'가 실현되지 않은 경우는 선·후행 성분이 〈대상Theme〉, 〈유형, 대상 Type/Theme〉의 의미 관계를 가져 선행 성분이 보충어 자리에 위치하고, 선행 성분에 유표격인 관형격이 부여되어 '의'가 실현된 경우는 〈행위자 Agent〉, 〈수동자Patient〉, 〈소유Possession/Owning〉, 〈처소Location〉, 〈시간Time〉, 〈기원Source〉, 〈도달점Goal〉의 의미 관계를 가져 선행 성분이 지정어 자리에 위치한다는 것을 알 수 있다.[118] 이는 우리가 제안한

---

117) 이는 '의'를 구조적으로 주어지는 관형격 표지라고 한 우리의 입장에서는 피할 수 없는 결과이다. 김귀화(1994: 32)에서도 통사적 기능상 부사어가 관형어 역할을 하게 되는 경우 명사구의 명시소(지정어) 위치에서 반드시 격이 부여되어야 한다고 하였다.

118) 우리는 의미역과 의미 관계를 구분하지 않고 동일 층위에서 함께 이해한다. 또한 〈대상 Theme〉, 〈유형, 대상Type/Theme〉의 의미 관계를 가지는 보충어가 '의'가 실현되어 〈수동자Patient〉, 〈소유Possession〉, 〈처소Location〉, 〈시간Time〉, 〈기원Source〉, 〈도달점Goal〉의 의미 관계를 가져 지정어 자리에 위치한다는 것은 지정어 자리에

관형격 부여 원리에도 부합되고 구성 성분의 의미 관계가 관형격 조사 '의' 실현 여부에 따라 결정됨을 구조적으로 설명할 수 있다고 한 앞선 전제에도 부합된다.

그렇다면 마지막으로 '의'의 의미 특성은 무엇인가? 우리는 '의'가 실현된 선행 성분이 지정어 자리에 나타난다는 점에 집중하여 '의'를 김귀화(1994)에서 말한 '초점화'와 관련된 요소로 파악하고자 한다.[119] 결국 구조적으로 초점화와 관련된 지정어 자리에 관형격 조사 '의'가 실현된 선행 성분이 위치한다는 것인데, 이로써 명사의 의미 계층 구조상 후행 성분인 핵과 의미적으로 거리가 먼 선행 성분을 '의'가 의미적으로도 초점화되게 한다고 해석할 수 있다.

서 그러한 의미역, 의미 관계로 해석을 받는다는 것이다. 즉 파생적인 의미역, 의미 관계이다. ⅰ)은 Grimshow(1990)에서 제시한 의미역 계층 구조인데 이를 참고하여 우리는 ⅱ)와 같이 '명사구의 의미 계층 구조'를 상정한다.

    ⅰ) Agent＞Experiencer＞Goal/Source/Location＞Theme
    ⅱ) Agent/Owning＞Possession/Patient＞Location/Time/Source/Goal＞
       Theme

119) 그렇다고 하여 김귀화(1994)와 같이 보충어 성분이 초점을 받아 지정어로 이동한다고 보는 것은 아니다.

제 4 장 합성명사의 구조와 의미

4.1 도입

구조주의 형태론, 생성 형태론을 거치면서 국어의 파생어 형성에 대한 연구는 많은 파생어 형성 규칙들이 다루어져 그 기술이 체계화되고 정밀화되는 발전을 보였다. 그러나 국어의 합성어 연구는 그리 많은 진전을 보았다고 할 수 없다. 이는 통사 단위인 구와 형태·통사 단위인 합성어의 구별 문제가 만족할 만한 해결을 보지 못했기 때문이며, 합성어 형성이 파생어 형성과 같은 규칙화할 만한 다양한 사실이 발견되지 않기 때문이다. 그래서 영어의 경우 합성어라는 것을 일체 인정하지 않고 합성어에 상당한 것은 단지 구에 불과하다고 하여 固定句(Fixed phrase)라고 하자는 학자도 있다고 한다(김광해(1995: 85)). 합성명사 또한 이러한 사실에 자유롭지 못하여 논의에 비해 결과는 매우 초라한 것이었다.

이러한 인식하에 우리는 명사, 명사구와 함께 합성명사에 대하여 종합적으로 이해할 필요가 있다고 생각한다. 그리하여 이 장에서는 앞에서 고찰한 국어 명사의 특성과 의미 분류 및 명사구의 구조, 그 구성 성분 간의 의미 관계를 기반으로 하여 합성명사의 구조와 구성 성분 간의 가능한 의미 관계를 설정하고, 사이시옷이 개재된 합성명사를 포함한 합성명사의 구성 성분의 의미 관계가 명사구의 구성 성분의 의미 관계와 동일한 모습을 띠는 경우와 합성명사 고유의 의미 관계가 있음을 밝히고자 한다. 또한 이러한 의미 관계를 기초로 삼아 [N−V−이/음/기/개] 명사 구성을 합성명사로 보아 통합적으로 논의하고자 한다.

사실 어형성 규칙에 의해 만들어진 합성명사는 단일 명사와 마찬가지로 어사로서 N^0 곧 [+N, −V]의 통사자질을 가진 어휘범주이다. 즉 합성명사는 단일 명사의 특성 및 기능을 그대로 유지하고 있다. 그런데 국어에는 명사구로서는 표현할 수 없고 합성명사로만 표현할 수 있는 의미 관계가 있다. 이는 일찍이 합성명사가 그것만의 고유한 영역이 있다고 하면서 합성명사를 통사적 합성명사와 비통사적 합성명사, 또는 형태적 합성명사로 유형 분류하여 논의하는 것에서 알 수 있다. 비통사적 합성명사 또는 형태적 합성명사는[120] 두 구성 성분 사이의 의미 관계가 일정치 않아 그 의미를 예측할 수 없는 경우로, 구성 성분에 의해 그 의미를 예측할 수 있고 명사구와 같은 분포를 보여 그 차이를 쉽게 파악할 수 없는 통사적 합성명사와 대조를 보인다. 즉 명사구로서도 형성되는 의미 관계가 반영된 것이 통사적 합성명사이고, 명사구로서는 형성될 수 없는 의미 관계가 반영된 것이 비통사적/형태적 합성명사라고 할 수 있다. 그러나 이와는 별개로 사이시옷이 개재된 합성명사를 포함하여 모든 합성명사의 의미 관계를 통합적으로 고찰함으로써 그 형성 기제를 단일화하는 것이 합성명사의 본질에 접근하는 방법일 것이다.

---

120) 이 둘은 관점의 차이로 같을 수도 다를 수도 있다. 기존의 용어를 그대로 사용하지만 뒤에서 자세히 논의하면서 용어를 바꾼다.

4.2 합성명사의 구조와 의미 관계

4.2.1 합성명사의 유형과 구조

합성어는 형태·통사 단위인 어사들이 직접 구성 성분으로 결합하여 만들어진 새로운 형태·통사 단위 어사로서 통사 단위인 구와 구별된다고 하지만 실제 언어에서 그 둘을 구별하는 것은 그리 용이하지 않다. 이는 구 또한 형태·통사 단위인 어사의 결합이기 때문인데, 그 어사 단위가 구로의 확장이 되었느냐 되지 않았느냐의 판단이 흔들리는 경우가 많다. 그렇다면 먼저 합성어의 개념이나 범위와 관련되는 문제로, 구성 성분의 결합 양식과 결합 장소, 문제의 구성을 보는 관점에 따라 합성어를 통사적 합성어와 비통사적 합성어 또는 형태적 합성어로 분류하여 유형화한 기존의 논의를 살펴보기로 한다.

'통사적 합성어, 비통사적 합성어'는, 허웅(1975/1983: 116)에서는 용언의 어간이 직접 결합된 것만을 비통사적 합성어라 하여 그 외의 통사적 합성어를 매우 넓게 파악하고 있고, 이익섭·임홍빈(1983: 123)에서는 구에서도 나타나는 결합 방식을 가진 것만을 통사적 합성어라고 하였으며, 김동식(1993: 2), 김광해·김동식(1993: 13-14), 김일병(2000: 55-56)에서는 음운 현상이나 성분의 성격, 그리고 그 결합 관계가 일반적인 통사 구조에서 나타나는 것만을 통사적 합성어로 규정하였다. 이러한 논의들은 그 합성어가 형태부에서 만들어졌는지 통사부에서 만들어졌는지에 대한 어형성 측면은 고려하지 않고 단지 '(비)통사적'의 개념을, 구성 성분의 결합 방식이 구를 이룰 때의 방식과 동일한지 여부 곧 통사론적 관점에서 해석한 접근 방법들이다.

한편 김창섭(1996: 40-41)에서는 어형성론적 관점에서 합성명사를 통사적 합성명사와 형태적 합성명사로 나누고, 통사론적 구성의 단어화에 의한 합성명사를 '통사적 합성명사'라고 하고 어휘부의 합성어 형성규칙에 의한 것을 '형태적 합성명사'라고 규정하였다. 같은 입장에서 채현식(2000: 82)는 통사부에서 통사 규칙에 의해 결합된 [N1+N2]NP 구성이 어휘화되어 형성된 합성명사를 '통사적 합성명사'로, 어휘부에서 어휘부의 조어 기제에 의해 형성된 명사를 '형태적 합성명사'로 본다. 그리고 송원용(2001: 127-128)은 위의 두 제안을 받아들여 단지 용어만 각각 '통사부 합성명사'와 '어휘부 합성명사'로 바꾸어 명명한다. 우리는 이들의 입장에 따라 이를 다시 '통사부 합성명사'와 '형태부 합성명사'로 부르고자 한다.

이상의 논의를 통해서 볼 때, 합성명사와 명사구의 구별 논의는 결국 형태·통사 단위인 형태부 합성명사와 통사부 합성명사 그리고 통사 단위인 명사구의 구별 방법에 대한 논의로, 형태부 합성명사와 통사부 합성명사를 구별하고 형태부 합성명사와 명사구를 구별하며 통사부 합성명사와 명사구를 구별하는 것이 가장 본질적인 접근 방법이라 할 수 있다. 그런데 어떠한 대상이나 개념에 대한 어휘를 형성하기 위해 통사 기제를 빌려 의미의 특수화를 겪은 결과물이 통사부 합성명사라고 이해한다면 통사부 합성명사를 명사구와 구별하는 것은 큰 의미가 없으므로, 형태부에서 어형성 기제에 의해 형성된 형태부 합성명사와 명사구를 포함하여 통사부 합성명사를 구별하는 데 초점을 두고 논의를 진행하기로 한다. 이는 통사론적 의미 관계를 가지고 통사 규칙에 따라 결합한 통사 단위 명사구와 그 명사구가 어사화된 통사부 합성명사와 달리, 형태부에서 형성된 합성명사의 구성 성분은 고유의 의미 관계를 가지고 있음을 전제로 한 것이다.

이제 [N1+N2]N 합성명사와 명사구에 집중하여 기존 논의에서 제안해 온 통사론적, 의미론적 기준을 살펴보자.[121] 통사론적 기준으로는 구성 성분의 배열 순서, 구성 성분의 내적 확장(분리성) 여부 등이 제시되고, 의미론적 기준으로는 의미의 특수화 곧 의미 예측 가능성 여부가 제시되고 있다.[122]

    (1) 가. 논밭-*밭논 : 논 밭-밭 논
        나. 아들딸-*딸아들 : 아들 딸-딸 아들

    (2) 가. 나뭇잎-푸른 나뭇잎 : 나무 잎-나무의 푸른 잎/나무와 잎
        나. 논밭-열 마지기의 논밭 : 논 밭-(열 마지기의) 논과 밭/열 마지기
           의 논과 한 마지기의 밭

먼저 (1)을 보면 합성명사는 구성 성분의 배열 순서가 고정적이지만 명사구는 그 배열 순서가 유동적이다. 그러나 '위아래-아래위'와 같이 순서가 바뀌어도 합성명사인 예가 보이고 그 의미도 차이가 없으므로 구성 성분의 배열 순서는 매우 제한적인 기준이라 할 수 있으며, 이 예들이 모두 병렬 구성이라는 점에서 기준 적용의 한계도 있음을 지적할 수 있다. (2)는 구성 성분의 내적 확장(분리성) 유무에 따라 합성명사와 명사구가 구별됨을 보인 것인데, (2나)처럼 병렬 구성인 합성명사 '논밭'과 명사구 '논과 밭'의 의미 합치성을 설명할 완벽한 기준이라 할 수 없다. 또한 의미

---

121) 일부에서는 음운론적 기준으로 연접, 비분절 음소, 음운 변동 등을 들고 있다. 즉 합성명사인 '산나물'은 두 구성 성분 사이에 폐쇄 연접이 오나 명사구인 '산 나물' 사이에는 개방 연접이 개재되고, 합성명사 '고무신'과 명사구 '고무 신'에는 강세의 차이가 있고 합성명사 '밤나무'와 명사구 '밤 나무'는 음장의 차이가 있다고 한다. 또한 '소나무-솔 나무, 나뭇잎-나무 잎, 안팎-안 밖' 등에서 보는 바와 같이 합성명사의 구성 성분 사이에서는 구에서는 볼 수 없는 음운의 변화, 첨가, 탈락이 보인다고 한다. 그러나 이러한 기준은 매우 제한적인 것으로 일부의 경우를 제외하고는 합성명사와 명사구를 구별할 강력한 기준이 되지 못한다(김광해·김동식(1993: 6-7), 김일병(2000: 35-37)). 이후 살펴볼 통사론적, 의미론적 기준은 김광해·김동식(1993: 7-11), 김창섭(1996: 40-70/1998: 6-12), 김일병(2000: 37-42), 채현식(2000: 85-96), 송원용(2001: 125-142) 등을 참조하였다.
122) 이 외에도 구성 성분의 통사 구조 참여 여부, 구성 성분의 대치 제한성 등이 있으나 위의 기준과 같은 맥락에서 이해할 수 있는 기준들이다.

예측 가능성 여부라는 의미론적 기준은 합성명사에 따라 그 의미의 긴밀도가 달라 절대적인 기준이 될 수 없다. 한편 일반적으로 융합합성어라 하는 '밤낮', '두꺼비집' 같은 예들은 (2)의 '논밭', '나뭇잎'과 같이 구성 성분이 통사적으로 각각 병렬과 종속 관계에 있으나 구성 성분을 통하여 의미를 예측할 수 없다. 의미의 특수화를 겪은 것이다.[123]

이상의 통사론적, 의미론적 구별 기준은 형태부 합성명사와 통사부 합성명사 구분을 명확히 하지 않은 채 명사구와 구별하려는 접근 방법으로, 주로 통사부 합성명사라 할 수 있는 병렬 구성과 명사구를 주된 논의의 대상으로 삼고 있다.[124]

한편 채현식(2000: 84-94)에서는 통사적 구성과 형태적 구성을 판별하는 기준으로 '대응 통사론적 구성의 존재('-의/과/인' 삽입), 공백화와 대용화, 핵-논항 관계' 등을 내세워 우리의 '통사부 합성명사'와 '형태부 합성명사'를 구별하고자 하였다.[125]

> (3) 가. 아빠+가방 : [아빠의 가방]NP : [아빠ᵢ 가방]과 ϕ_i 옷 : 아빠ᵢ 가방과 그분ᵢ 옷:[아빠와 철수]NP 가방
> 나. 현대+음악 : [현대의 음악]NP : [현대ᵢ 음악]과 ϕ_i 미술 : 현대ᵢ 음악과 그ᵢ 미술 : [현대와 고전]NP 음악
> 다. 프랑스+음식 : [프랑스의 음식]NP : [프랑스ᵢ 음식]과 ϕ_i 문화 : 프랑스ᵢ 음식과 그ᵢ 문화 : [프랑스와 한국]NP 음식
> 라. 개+다리 : [개의 다리]NP:개ᵢ 다리와 ϕ_i 머리 : [개i 다리]와 그ᵢ 머리 : [개와 소]NP 다리

---

123) 이러한 합성어의 의미 특수화는 합성어의 형성 이유를 새로운 대상이나 개념에 둔다면 너무도 당연한 기준이 된다 하겠다. 단지 그 의미 특수화는 각각의 합성어들이 정도성에서 차이를 보여 절대적인 기준으로 삼기에는 문제가 있다. 본고에서 '어사(소)구'라고 한 관용 표현을 염두에 두면 의미의 특수화는 합성어만의 고유 특징이라 할 수 없다.

124) 우리는 '나뭇잎, 손ㅅ바닥' 같은 것을 김창섭(1996)의 논의에 따라 통시적으로는 통사부 합성명사이나 공시적으로는 형태부 합성명사로 본다.

125) 아래의 (3)은 채현식(2000: 84-94)에서 가져와 정리·추가한 것이다.

마. 시골+공기 : [시골의 공기]NP : 시골ᵢ 공기와 Øᵢ 하늘:[시골ᵢ 공기]
와 그곳ᵢ 하늘 : [시골과 도시]NP 공기

채현식(2000: 84-94)는 통사적 구성인 명사구 (3가)와 (3나, 다, 라, 마)에서 확인되는 바와 같이 두 명사 사이에 속격 조사 '-의'를 삽입하여 대응되는 통사론적 구성이 만들어지고, 대등 병렬 구성에서 결합에 참여하는 두 명사 중 하나를 생략할 수 있거나 대용어로 대치할 수도 있으며, 넓은 의미의 [소유주Possessive] 의미역을 가진 선행 성분이 후행 성분인 핵의 논항으로도 기능하므로[126) '현대음악', '프랑스음식', '개다리', '시골공기' 등을 통사부 합성명사로 간주할 수 있다고 한다. 또한 (1)의 대등 병렬 구성 '논밭', '아들딸'도 두 명사 사이에 공동격 조사 '-과'를 삽입하여 대응되는 통사론적 구성이 만들어지므로 통사부 합성명사가 된다. 그러나 채현식(2000)이 말한 대로 선행 성분이 넓은 의미의 [소유주] 의미역을 가진 구성이 모두 합성명사가 되는 것은 아니다. 명사구에 대한 앞선 3장의 논의에 따르면, (3가)와 같이 〈소유Owning〉의 의미 관계인 경우는 ('의'가 실현되지 않은 형태가 가능한 것 같기도 하지만) '의'가 실현되어 지정어에 위치하는 것이 정상적인 구성이므로 합성명사로 쓰이기가 불가능한 데 반해, (3나, 다, 라, 마)의 경우는 모두 선·후행 명사가 〈유형, 대상〉의 의미 관계를 가지고 '의'가 실현되지 않은 상태에서 보충어 자리에 위치하므로 합성명사로 기능할 수 있는 구성이다. 그러므로 (3나, 다, 라, 마)의 '현대음악', '프랑스음식', '개다리', '시골공기'는 통사적 구성인 명사구 '[현대+음악]NP', '[프랑스+음식]NP', '[개+다리]NP', '[시골+공기]NP'가 어사화되어 합성명사가 된 경우라고 해석해야 한다. 곧 이들이 통사부 합성명사이다. 그러면 아래 (4)의 예들은 어떻게 봐야 하는가?

---

126) 3장의 각주 104), 116) 참조.

(4) 가. 소나기밥, 주먹코, 장구배, 참외배꼽, 고추잠자리
　　가'. *소나기의 밥, *주먹의 코, *장구의 배, *참외의 배꼽, *고추의 잠자리
　　가''. *[말린 고추] 잠자리 : *[고추와 말] 잠자리 : 고추 잠자리와 감 : *고
　　　　추 잠자리와 그 감
　　나. 금반지, 돌다리, 고무신, 눈사람, 쌀밥
　　나'. *금의 반지, *돌의 다리, *고무의 신, *눈의 사람, *쌀의 밥
　　나''. *[강화 쌀] 밥 : *[쌀과 보리] 밥 : *쌀 밥과 떡 : *쌀 밥과 그 떡
　　다. 칼국수, 손장난, 전기밥솥, 물방아, 불고기
　　다'. *칼의 국수, *손의 장난, *전기의 밥솥, *물의 방아, *불의 고기
　　다''. *[숯에 붙은 불] 고기 : *[불과 물] 고기 : *불 고기와 갈비 : *불 고
　　　　기와 그 갈비

(4)는 두 구성 성분 사이에 속격 조사 '-의'의 삽입을 허용하지 않고 어느 하나가 관형 수식되거나 대등 접속되어 확대되거나 생략 및 대용 등의 독자적인 어떤 통사론적 행위를 하지 않아 (3)과 대별된다. 김창섭 (1996: 28)에서는 이들을 선행 명사가 후행 명사에 대해 각각 〈형상Shape〉(4가), 〈재료Material〉(4나), 〈수단, 방법Method/Way〉(4다)의 의미 관계를 보이는 관형 구성의 합성명사라고 하면서, 국어에는 〈형상〉, 〈재료〉, 〈수단, 방법〉의 의미 관계를 표현할 통사적 관형격 구성이 구조적으로 불가능하다고 보고 형태부 고유의 합성명사 형성 규칙에 의해 (4)의 합성명사들이 만들어진다고 한다. 곧 이들이 형태부 합성명사이다.

결국 국어의 합성명사는 선·후행 명사의 의미 관계가 〈유형, 대상〉이면 통사부 합성명사이고 〈형상〉, 〈재료〉, 〈수단, 방법〉이면 형태부 합성명사라 할 수 있다.

그렇다면 '오리걸음', '노루잠', '가자미눈', '새우등', '제비집' 등을 〈유형, 대상〉의 의미 관계를 가지고 있다고 보고 통사부 합성명사로 간주해야 하는가? 아니면 〈형상〉의 의미 관계에 있다고 하여 형태부 합성명사라고 판단해야 하는가? 이는 매우 어려운 문제이다. 우리는 통사부 합성명사

가 통시적인 것이든 공시적인 것이든 일반적·규칙적인 현상이 아니라 개별적이며 예외적이라는 사실을 중시하여 사이시옷이 개재된 합성명사를 포함하여 합성명사를 종합적으로 이해할 필요가 있다고 본다. 즉 어떠한 새로운 대상이나 개념에 의해 요구되는 어휘를 어형성 기제를 통해 만든다는 측면에서 보면, 형태·통사 단위인 합성명사의 이러한 범위 한정 방법 곧, 명사구가 아니면서 명사구와 같은 성격을 지닌 형태를 어떻게 합성명사 범주에 넣을 수 있는지, 또는 명사구 구성에서 도저히 만들어질 수 없는 형태를 어떻게 이해해야 하는지에 대한 논의와는 또 다르게 합성명사에 대해 종합적인 접근이 가능하다(김창섭1996: 40).

이에 우리는 다음과 같은 합성명사 형성 규칙을 제안한다. (5가)는 두 구성 성분이 모두 변수인 일반적인 합성명사 규칙이고 (5나)는 하나의 구성 성분이 상수인 개별적인 합성명사 규칙이다. 모든 합성명사는 (5가)와 같은 일반적인 형성 구조 패턴에 따라 만들어진다. 그리고 (5나)는 (5가)의 구조 패턴에 여러 음운·형태·통사·의미 제약과 의미 관계에 의해 개별적인 명사 어사가 핵에 고정되고 다른 명사 어사가 비핵의 위치에 들어가 새로운 어휘의 형성이라는 요구를 만족시키는 것이다.

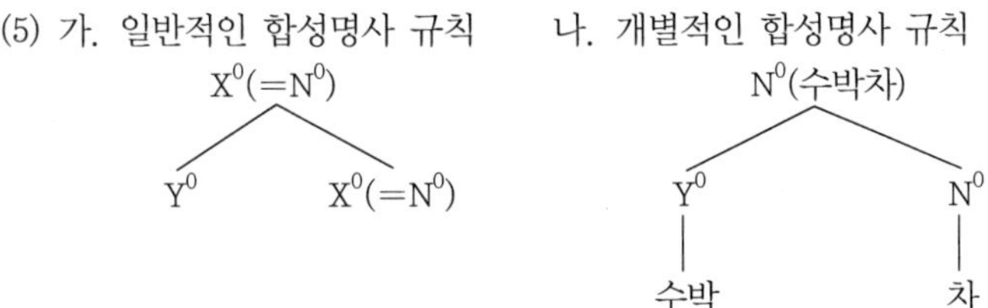

4.2.2 합성명사의 의미 관계

국어의 합성명사의 의미가 단순히 구성 성분들의 의미의 산술적인 총화만은 아니며 또한 통사론적 해명으로 가능한 것도 아니라는 것은 많은 연구자들이 인정해 왔다(이재인(1991: 612)). 합성명사는 그 구성 성분의 의미 관계에 의해 생성된 의미를 예측할 수도 있지만 그 의미의 방향을 예측하기가 쉽지 않아 최종적으로 발화된 특정 맥락에 따라 그 해석이 달라질 수도 있다. 이에 우리는 두 가지 질문을 할 수 있다. 첫째, 구성 성분이 결합하는 과정에서 생성해 내는 예측 가능한 의미의 범위는 어디까지로 한정해야 하는가? 둘째, 결합 후 파생되는 맥락적 의미는 정말로 그 한계가 없는가? 즉 맥락적 의미는 구성 성분 자체에서 찾을 수는 없는가? 이러한 두 질문에 대한 답을 포괄하여 통합적으로 고찰할 수 있는 방법을 모색하려는 것이 이 절의 목적이다.

인간은 어떠한 어휘에 대해 사전적 의미 곧 기본 의미만을 알고 그 어휘를 사용하여 일정한 의미 관계를 가진 합성명사를 만들뿐만 아니라 그 어휘의 전이·파생된 의미를 합성 과정에서 부각시켜 합성명사를 형성하기도 하는데, 후자의 경우 또한 일정한 의미 관계를 가지고 있다고 봐야 한다. 즉 인지적이고 심리적인 '유사성'의 은유와 '인접성'의 환유 작용이 합성 과정에 들어가 그 어휘의 일부 속성만이 부각되어 새로운 합성명사가 만들어진다고 하더라도 그 구성 성분이 특별한 의미 관계를 형성하는 것이 아니라 은유·환유 작용에 의해 그 의미 관계가 비유적으로 확장된 것이다.[127] 반복되는 말이지만 합성명사가 그 구성 성분 사이의 의미 관계를 통해 예측 가능한 의미를 생성하기도 하고 예측하기 쉽지 않은 의미를 생성해 내기도 하는 것은 그 구성 성분의 의미 관계는 일정하나 그 구성 성분이 어떠한 비유 작용을 겪었기 때문이다. 이에 우리는 두 번째 질문의 답보다는 첫 번째 질문의 답에 더 집중하고자 하는데, 합성명사 연구의 본령이 그 구성 성분들이 갖는 의미 관계를 규명하는 것이기 때문이

---

127) 이에 대한 구체적인 논의는 최지훈(1999), 김은혜(2000)에서 이루어졌다.

다. 그러므로 ‘두꺼비집’, ‘바지저고리’가 왜 ‘전기 안전 개폐기’, ‘무능력
자’의 의미로 쓰이는지에 대한 설명보다는 두 구성 성분 ‘두꺼비’와 ‘집’,
‘바지’와 ‘저고리’가 어떤 결합 양식을 보이고 그 의미 관계는 무엇인지를
설명하고자 한다.

우선 병렬 합성명사를 살펴보자.

   (6) 가. 논밭, 아들딸, 봄가을, 똥오줌
      나. 개돼지(천한 사람), 바지저고리(무능력자), 밤낮(항상), 피땀(노력)

(6가, 나)는 모두 통사적인 병렬 구성과 대응되는 경우로 그 의미를 예
측하는 데에 큰 어려움이 없다. 그러나 괄호 안의 의미와 같이 의미의 특
수화를 겪은 (6나)의 예들은 그 파생되는 의미를 그 구성 성분으로는 예
측하기가 쉽지 않아 융합합성어로 보기도 하는데, 이 또한 병렬 구성으로
서 두 구성 성분의 관계 속에서 이해해야 한다.[128] 즉, ‘능력이 전혀 없
거나 제 구실을 못하는 사람’을 일컫는 ‘바지저고리’는 주체가 되는 사람
은 없이 껍데기로서의 ‘옷’인 ‘바지’와 ‘저고리’만 남아 있다는 관점에서
‘옷’이 그 소유자인 사람을 대신한 경우이고, ‘밤낮’은 ‘밤+낮=하루→
항상’으로 그 의미가 확대되어 여러 날을 이루는 ‘하루’라는 시간상의 일
부를 통하여 ‘늘, 언제나’라는 의미를 대신한 것인데, 모두 구성 성분이
환유 작용을 겪은 경우라 하더라도 그 의미·통사 구조는 병렬 관계에 있
다.[129]

우리는 앞에서 ‘수박차’가 ‘수박을 싣고 팔고 다니는 차’, ‘수박 모양의

---

128) 한편 ‘눈비’(눈과 비/눈이 섞인 비), ‘비바람’(비와 바람/비와 함께 거세게 부는 바
    람)은 대등(병렬) 합성명사와 종속(관형) 합성명사의 구조와 의미를 다 가지는 경
    우로 모두 그 구성 성분을 통해 의미를 충분히 파악할 수 있다.
129) 이 두 경우를 최지훈(1999: 75-76)에서는 부분을 통하여 전체를 나타낸다고 하여
    확대지칭의 환유에 의한 합성명사로 다루었다.

차', '수박으로 만든 차'의 의미를 갖는다고 하였다. 이는 합성명사인 '수박차'의 선·후행 명사가 각각 〈용도〉, 〈형상〉, 〈재료〉의 의미 관계를 가지기 때문으로 해석된다. 그렇다면 앞에서 살펴본 대로 합성명사의 선·후행 명사의 의미 관계는 통사부 합성명사와 형태부 합성명사를 포함하여 〈유형, 대상〉, 〈형상〉, 〈재료〉, 〈수단, 방법〉인데 여기에 〈용도 Use〉의 의미 관계도 포함되어야 할 것이다. 그렇다면 이상의 의미 관계만이 합성명사에 나타나는가? 합성명사는 사이시옷이 개재되는 합성명사와 개재되지 않은 합성명사로 나뉘어지는데, 아래 (7), (8)을 보면 사이시옷이 개재되지 않는 합성명사는 선·후행 명사가 〈형상〉, 〈재료〉, 〈수단, 방법〉, 〈유형, 대상〉의 의미 관계를 나타내고, 사이시옷이 개재되는 합성명사는 그 의미 관계가 〈시간〉, 〈처소〉, 〈기원, 소유〉, 〈용도〉를 나타내는 경우로 파악된다.

    (7) 가. 〈형상〉
        실국수, 주먹코, 참외배꼽, 고추잠자리, 자라병, 곰보빵, 밤고구마, 이슬비, 구슬땀, 방울사탕, 톱니바퀴, 주걱턱, 주름상자, 물고구마, 벙어리장갑, 도끼눈, 가자미눈, 감투밥, 구멍가게, 장작윷, 꼬마전구, 나팔바지, 항아리치마, 짚신벌레, 솜사탕, 팔자수염, 조각구름, 올챙이배, 무지개떡, 소나기밥, 소나기골, 불볕, 도둑고양이, 황소고집, 꿀잠, 설탕수박, 가마솥더위, 검둥개, 노랑머리, 찰떡궁합, 놀부심보, 똥배짱, 줄담배, 뾰족구두, 황소바람, 돼지감자, 개똥철학, 게릴라호우, 대하드라마, 도깨비불, 폭탄선언, 불기둥, 물거울, 벼락부자, 곡예운전, 풍년거지, 나그네새, 총알택시, 노루잠, 오리걸음, 게걸음, 개미허리, 새우등, 함박웃음, 벌새, 두꺼비집, 흔들의자, 호랑이선생님, 코끼리열차, 독수리타법, 개구리주차, 칼잠, …
        나. 〈재료〉
        기와집, 종이배, 메밀국수, 금반지, 돌다리, 고무신, 쌀밥, 콩밥, 유리병, 사기그릇, 단팥빵, 나무의자, 비닐우산, 호박죽, 닭찜, 모래사장, 흙침대, 물침대, 모래흙, 돌부처, 도토리묵, 종이비누, …

다. 〈수단, 방법〉

도끼집, 물방아, 술대접, 칼국수, 절구떡, 팔씨름, 곰담배, 불고기, 전
기구이, 전기밥솥, 팔베개, 동냥젖, 매사냥, 볶음밥, 밀가루세례, 불장
난, 기차놀이, …

라. 〈유형, 대상〉

고무나무, 사과나무, 옹기장수, 엿장수, 꿀벌, 일벌, 여왕벌, 젖소, 개
고기, 돼지고기, 양고기, 개다리, 닭다리, 돼지머리, 소머리, 돼지기름,
소가죽, 범가죽, 개미집, 까치집, 새소리, 감기약, 설사약, 쥐구멍, 개
구멍, 집터, 일터, 흉터, 팔걸이의자, 등받이의자, 바퀴의자, 회전의자,
안락의자, 자갈밭, 꽃밭, 통김치, 포기김치, 고추씨, 수박씨, 현대음악,
고대사회, 중국요리, 누이동생, 조카딸, 막내며느리, 별자리(星座), 공
기주머니(氣囊), 염통주머니(心膜), 염통집(心室), 염통방(心房), 뜬이것,
숨이고기, 맺이관, 되돌이 교배, 걸이등, 걸이못, 젖먹이동물(哺乳動物), 젖
빨이동물(哺乳動物), 피먹이박쥐, 벌레 잡이잎(捕蟲葉), 손밀이대패, 슈
음배추, 닦음대패, 보찜만두, 보기신경(視神經), 듣보기 장사, 붙이기일
가, 되넘기장사, 걷기운동, 뜨개바늘, 걸개그림, 쓰개치마, …

(8) 가. 〈시간〉

철새, 봄보리, 가을비, 보름달, 새벽달, 예삿일, 어젯밤, 아침밥, 겨울
밤, 가을바람, 여름방학, 밤손님, 밤글, 밤일, 밤눈, 밤잠, …

나. 〈처소〉

산돼지, 들쥐, 촌사람, 촌닭, 들개, 산불, 창살, 문고리, 갓끈, 상다리,
물고기, 안살림, 뱃놀이, 뒷날개, 등짐, 옷깃, 귓구멍, 손등, 발바닥,
안방, 밥상머리, 공깃밥, 눈물, 콧물, 갈비뼈, 서울역, 등지느러미, 연
잎, 칼날, …

다. 〈소유, 기원〉

발자국, 발걸음, 불빛, 손때, 동냥밥, 바람소리, 북소리, 모깃소리, 솔
방울, 땀방울, 빗방울, 촛불, 나뭇가지, 총부리, 톱밥, 담뱃진, 밀가루,
옷맵시, 잿물, 술병, 뱃병, 귓병, 땟국, 돈맛, 말실수, 손버릇, 눈짓, 눈
대중, 말재주, 손장난, 갈림길, 노름빚, 치맛바람, 춤바람, 술살, 밥살,
우웃살, 젖살, …

라. 〈용도〉130)

벼룻돌, 사냥개, 고깃배, 잠자리, 담뱃가게, 맥줏집, 안경집, 나뭇집,

---

130) 〈용도〉는 후행 명사에 대해 선행명사가 갖는 '목적, 방향, 내용물' 등을 포괄하는
의미 관계이다.

> 기름배, 쌀가마, 술잔, 세숫비누, 구둣솔, 공붓방, 신장, 물병, 약병,
> 술독, 똥항아리, 성냥갑, 동냥자루, 책가방, 과일칼, 싸움닭, 가림판,
> 다짐글, 씻김굿, 차림표, 알림판, 디딤돌, 속임수, 어림수, 붙임줄, 어
> 둠상자, 웃음거리, 갈이칼, 깎기끌, 놀잇배, 놀이터, 낚시터, 출셋길,
> 주춧돌, 머릿돌, 머릿기사, 곗돈, 거짓말, 술밥, 수돗물, 메주콩, …

왜 선·후행 명사의 의미 관계에 따라 합성명사가 사이시옷이 개재되는 경우와 그렇지 않은 경우로 나누어지는가? 우리는 앞에서 선·후행 명사의 의미 관계가 〈유형, 대상〉이고 보충어-핵 관계이면 명사구가 어사화된 통사부 합성명사라고 하면서 이러한 통사부 합성명사가 아니면서 〈유형, 대상〉의 의미 관계를 가지는 형태부 합성명사의 가능성도 열어 둔 바 있다. 이 두 경우 모두 (7라)에서 보는 바와 같이 형태론적 표지인 사이시옷이 나타나지 않는다. 그런데 이 〈유형, 대상〉의 의미 관계인 경우 명사의 의미 분류에 따라 그 선·후행 명사를 분류해 보면, '사물+사물'(고무나무, 꿀벌, 개고기, 새소리, 감기약, 돼지기름, 소가죽, 바퀴의자, 포기김치, 공기주머니, …)이 가장 큰 주류를 이루고, '사건+사물'(맺이관, 걸이등, 젖빨이동물, 닦음대패, 걷기운동, 쓰개치마, …)과 '사람+사람'(누이동생, 조카딸, 막내며느리, …), '사물+사람'(옹기장수, 엿장수, …), '위치+추상물'(현대음악, 고대사회, …) 등도 보인다. 곧 거의 모든 유형의 선행 명사가 핵 성분인 후행 명사와 결합하여 그 후행 명사의 유형이나 대상으로 기능한다.

(7가, 나, 다)는 김창섭(1996: 28, 49)에서 지적한 바와 같이 선·후행 명사가 각각 〈형상〉, 〈재료〉, 〈수단, 방법〉의 의미 관계를 가지는 경우로, 그 구성 성분이 어떠한 통사론적 행위를 하지 않으므로 형태부에서 형성된 합성명사들이다.[131] 그 선·후행 명사를 의미 분류해 보면, 〈대상, 유

---

[131] '가자미눈, 올챙이배, 놀부심보, 노루잠, 오리걸음, 게걸음, 개미허리, 새우등, 두꺼비집' 등을 보충어-핵 관계로 파악하여 통사부 합성명사로 볼 수도 있다. 그러나 이들은 각각 '화가 나서 옆으로 흘겨보는 눈', '뚱뚱하게 나온 배', '심술궂고 욕심 많은 마음 바탕', '깊이 들지 못하고 자꾸 놀라 깨는 잠', '뒤뚱거리며 걷는 걸음',

형〉의 의미 관계와 마찬가지로 〈형상〉의 의미 관계는 '사물＋사물'(실국수, 참외배꼽, 자라병, 구슬땀, 주걱턱, 가자미눈, 짚신벌레, 무지개떡, 소나기밥, 도깨비불, 개미허리, 코끼리열차, …)이 가장 일반적이지만, 그 외에 '사람＋사물'(벙어리장갑, 꼬마전구, 도둑고양이, 게릴라호우, …), '상태＋사물'(검둥개, 노랑머리, 뾰족구두, 흔들의자, …), '사물＋사람'(나그네새, 벼락부자, 호랑이선생님, …), '위치＋사람'(풍년거지, …), '사물＋사건'(폭탄선언, 노루잠, 오리걸음, 개구리주차, …), '상태＋사건'(함박웃음, …), '추상물＋사건(곡예운전, …), '사물＋추상물'(찰떡궁합, 똥배짱, 개똥철학, 독수리타법, …), '사람＋추상물'(놀부심보, …) 등과 같이 다른 의미 관계와 비교해서 가장 다양한 결합 양상을 보인다. 이와 달리 〈재료〉의 의미 관계는 예외 없이 '사물＋사물'(기와집, 종이배, 메밀국수, 금반지, 유리병, 물침대, 돌부처, …)의 결합만을 보이고, 〈수단, 방법〉의 의미 관계인 경우는 '사물＋사물'(도끼집, 물방아, 칼국수, 불고기, 전기밥솥, …), '사물＋사건'(술대접, 팔씨름, 매사냥, 밀가루세례, 불장난, 기차놀이, …) 또는 '사건＋사물'(동냥젖, 볶음밥, …)의 결합 양상을 띤다.

이들도 사이시옷이 나타나지 않는데, 합성명사가 어떤 사물이나 개념에 의해 요구되는 것이라 한다면 그 사물이나 개념에 반드시 있어야 하는 1차적인 의미 속성은 '모양, 빛깔, 크기, 성질, 방식, 기능, 재료, 수단, 방법'이라 할 수 있으며, 이 중에서 가장 부각하고자 하는 속성을 선택하고 그 선·후행 명사의 의미 분류 유형에 따라 다양하게 반영한 것이 (7가, 나, 다)의 합성명사들이기 때문이다. 결국 (7)은 뒤에서 논의할 사이시옷의 기능과 관계가 없는 합성명사들이다.

한편, (8)은 그 특성에 따라 (8가, 나, 다)와 (8라)로 나누어 살필 필요가 있다. (8가, 나, 다)는 관형격 구성에서 선행 명사에 '의'가 실현되어 지

'옆으로 걷는 걸음', '매우 가는 허리', '구부러진 사람의 등', '전기 안전 개폐기'와 같이 화자의 마음과 감각을 통해 떠오르는 대상의 모습을 표현하려는 것이기 때문에 의미 속성의 부각화라는 측면에서 보면 당연히 형태부 합성명사이다.

정어 자리에 위치하는 경우 구성 성분 간의 의미 관계가 〈소유〉, 〈처소〉, 〈시간〉, 〈기원〉이라는 점과 매우 밀접한 관련이 있는 예들이다. 곧 관형격 조사 '의'와 사이시옷이 통사부와 형태부라는 부문의 차이가 있다 하더라도 그 기능은 동일한 것이라고 할 수 있다. 그런데 (8라)의 합성명사들은 선·후행 명사가 〈용도〉의 의미 관계를 가지고 있어 관형격 조사 '의'가 실현된 지정어 자리에 존재하지 않는 의미 관계인데도 사이시옷이 필수적으로 나타난다. 이는 관형격 조사 '의'와는 별개로 사이시옷이 담당하는 영역이 있음을 의미한다.(자세한 논의는 다음 절에서 이루어진다.)

이들 (8)의 예들에 대하여 그 선·후행 명사를 의미 분류해 보면 그 결합 양상이 다양하게 나타난다. 〈시간〉의 의미 관계는 '위치＋사물'(철새, 봄보리, 가을비, 보름달, 아침밥, …), '위치＋사람'(밤손님, …), '위치＋추상물'(예삿일, 밤일, …), '위치＋사건'(밤잠, …), '위치＋위치'(어젯밤, 겨울밤, 여름방학, …)와 같이 거의 모든 유형의 후행 명사 앞에 시간과 직접적으로 관련된 위치 명사가 나타난다. 그런데 〈처소〉의 의미 관계는 '위치＋사물'(안살림, 뒷날개, …), '위치＋사람'(촌사람, …)같이 직접적으로 공간과 관련된 위치 명사가 선행 명사인 경우보다는 '사물＋사물'(산돼지, 들쥐, 촌닭, 들개, 갓끈, 물고기, 눈물, …) 또는 '사물＋사건'(뱃놀이, …)처럼 본래 공간성을 가진 것으로 인식되는 사물 명사 부류가 선행 명사로 나타나는 경우가 훨씬 많다. 〈소유, 기원〉의 의미 관계인 경우는 '사건＋사물'(갈림길, 동냥밥, …)의 몇 예를 제외하고는 '사물＋사물'(불빛, 손때, 땀방울, 나뭇가지, 밀가루, 우웃살, …)과 '사물＋추상물'(바람소리, 모깃소리, 옷맵시, 뱃병, 돈맛, 말실수, 손버릇, 손장난, …), '사물＋사건'(발걸음, …), '추상물＋추상물'(노름빚, …), '추상물＋사물'(춤바람, …)과 같이 선행 명사가 [실체성]의 사물 명사나 [추상적 실체성]의 추상물 명사이다. 마지막으로 〈용도〉의 의미 관계는 그 선·후행 명사가 '사물＋사물'(벼룻돌, 사냥개, 고깃배, 담뱃가게, 맥줏집, 물병,

성냥갑, 책가방, 머릿돌, 수돗물, …)과 '사건＋사물'(가림판, 다짐글, 차림표, 디딤돌, 속임수, 갈이칼, 놀잇배, 놀이터, …)의 경우가 주류를 이루고, '추상물＋사물'(어둠상자, 곗돈, …), '추상물＋사건'(거짓말, …) 등의 결합 양상도 발견된다. 곧 사물, 사건 명사인 핵 명사에 대하여 목적이나 방향으로 기능하기 위해 선행 명사로 사물 명사나 사건, 추상물 명사가 나타난다.

그렇다면 이 외의 다른 의미 속성이나 관계로는 합성명사를 형성할 수 없는가? 황화상(2001: 29)에서는 'ˆ사과접시'가 특수한 상황을 전제할 때 다음과 같은 다양한 의미의 사물을 지시할 수 있다고 한다.[132]

    (9) 'ˆ사과접시'의 의미
        가. 사과를 깎아 놓는 데 쓰는 접시
        나. 사과 모양의 접시
        다. 사과로 만든 접시
        라. 사과를 깎는 데 쓰는 접시
        마. 사과를 먹는 접시
        바. 사과가 만든 접시

(9가, 나, 다)의 의미로 쓰인 'ˆ사과접시'는 선·후행 명사가 각각 〈유형, 대상〉, 〈형상〉, 〈재료〉의 의미 관계를 가지고 있으므로 합성명사인 것이 분명하다. 그러나 (9라, 마, 바)의 의미인 'ˆ사과접시'는 황화상(2001: 29)에서 말한 대로 매우 특수한 상황을 전제하더라도 합성명사가 될 수 없다. 즉 (9라)는 '접시'가 '칼'의 기능을 한다고 보고 '과일칼'처럼 〈용도〉의 의미 관계를 설정하여 합성명사가 가능하다고 본 것이고,[133] (9마, 바)는 각각 '접시'와 '사과'를 의인화하여 그들이 〈행위자〉로 기능하여 합성명사가 된 것이라고 본 것인데, 이는 우리의 경험 세계에서 사

---

132) 황화상(2001)에서는 'ˆ' 표시로써 '존재하지는 않지만 형성 가능한 합성명사 곧 가능어'를 나타냈다.
133) 〈용도〉의 의미 관계라면 '사괏접시'처럼 사이시옷이 개재되어야 한다.

과의 속성(의미)이나 접시의 속성(의미)과 그에 따른 의미 관계에서 가능한 것일 수 없다. 즉 일반적으로 우리는 선·후행 명사의 의미 구조와 그 의미 관계에서 포착할 수 없는 상황까지 염두에 두고 합성명사를 만들어 사용하지는 않는다. 그러므로 뒤 세 경우의 의미로 합성명사 '사과접시'를 형성할 수 없는 것이다.

4.2.3 합성명사와 사이시옷

우리는 앞에서 선·후행 명사가 〈유형, 대상〉, 〈형상〉, 〈재료〉, 〈수단, 방법〉의 의미 관계를 가지면 사이시옷이 나타나지 않지만, 〈기원, 소유〉, 〈처소〉, 〈시간〉, 〈용도〉의 의미 관계를 가지면 사이시옷이 필수적으로 나타난다고 하였다. 그리고 사이시옷이 개재되는 합성명사에서 사이시옷은 〈기원, 소유〉, 〈처소〉, 〈시간〉의 의미 관계인 경우 지정어에 위치하는 관형격 조사 '의'와 밀접하게 관련이 있는 것이지만 〈용도〉의 의미 관계인 경우에는 '의'와 별개의 것이라고 하였다. 이에 〈용도〉의 의미 관계에 나타난 사이시옷은 한편으로는 선행 성분이 보충어에 위치하여 무표격을 부여받아 이룬 구 구성이 어사화된 통사부 합성명사에서 일반적으로 발견되는 〈유형, 대상〉의 의미 관계와 일정한 관계를 맺고 있는 요소이면서, 또 한편으로는 그 〈용도〉의 의미 관계를 이루는 합성명사를 형성하기 위한 고유의 형태론적 표지라고 가정해 보고자 한다.

이기문(1972: 209), 김창섭(1996: 70)은 사이시옷을 기원적으로는 속격 (관형격) 'ㅅ'으로 파악하고 사이시옷이 개재된 명사의 형성을 속격 구성의 명사구가 단어화하면서 합성명사 형성에 참여한 것으로 분석하였다.[134] 사실 사이시옷에 대한 논의는 다양하게 이루어져 왔다. 된소리화,

134) 안병희(1968: 344)에서는 선행 명사의 의미자질에 따라 속격 형태가 선별된다는

유성음화 방지라는 음운론적 접근135)이 있고, 한자어인 '열세(劣勢), 홍길동(洪吉童), 결정(決定)'과 마찬가지로 '물수건, 벌집, 종달새, 방울새, 돌다리, 달동네, 돌산, 코뿔소, 하늘색, 살색' 등이 선행 성분의 말음이 'ㄹ'이고 후행 성분의 두음이 'ㄷ, ㅅ, ㅈ'이라는 음운론적 환경에서 경음화된다는 음운·형태론적 접근136) 및 '사람, 속, 길, 가[邊], 가루, 바람, 밤, 법, 병(病), 병(甁), 동안, 수, 값, 국, 집, 세(稅)', '개, 뒤, 우(위), 아래, 예(옛)' 등의 형태가 각각 일반적으로 선·후행 명사에 대해 〈기원〉, 〈처소〉, 〈시간〉의 의미 관계를 요구하는 'ㅅ전치 명사'((+ㄷ삽입) 명사)와 'ㅅ후치 명사'((+ㄷ삽입 유발) 명사)로 기능한다는 음운·형태·의미론적 접근이 있다.137) 그리고 사이시옷이 통사적 구성에는 원칙적으로 나타나지 않는 대신 통사적 구성이 아닌 곳에 나타나 통사적 구성의 파격 곧 통사적 연결의 부자연성이나 불가해성을 극복하는 수단이 되며(p.10), 명사가 그 본래적인 의미에서 일탈하여 의미의 특수화를 경험할 때 쓰여 관계가 먼 두 요소를 결합하는 촉매적인 작용을 하는 존재(p.23)라고 한 임홍

사실을 주목하고 '이/의'는 유정물 지칭의 평칭에 연결되고 'ㅅ'은 유정물 지칭의 존칭과 무정물 지칭의 체언에 연결되어 후속하는 체언의 소유주임을 표시한다고 하였으며, 이기문(1972: 155), 고영근(1987: 190)에서는 속격 '이/의'는 사람과 동물 같은 유정물의 평칭에, 'ㅅ'은 유정물의 존칭과 무정물에 사용된다고 하였다. 한편 중세 국어의 사이시옷을 이광호(1993)에서는 후치사로서 선행 체언을 수식하는 수식어 표지(Adnominal Marker)라고 주장하면서 현대 국어에도 그대로 적용할 수 있다고 하였다.

135) 이기문(1972: 120)에서는 사이시옷이 선행어의 말음을 내파화하고 후행어의 두음을 된소리화하는 것이라 하였고, 이숭녕(1961: 88)에서는 두음에 [?]을 가해서 경음을 만드는 것이라 하였다. 한편 허웅(1968: 335, 392)에서는 중세어의 사잇소리가 무성의 휴식을 의미하였으며, 현대어의 사잇소리는 유성음 사이의 소리가 약화함을 방지하기 위하여 그 소리를 가하여 된소리로 낸다고 하였다. 이 외에도 가중조음 현상(유창돈(1980)), 보강(Chung(1980)), 동화표지(전철웅(1976)), 강세(왕문용(1982)) 등과 같이 사이시옷의 기능을 음운론적으로 고찰한 연구가 있다(전철웅(1990: 188-190)).

136) 송기중(1992: 18-19), 김창섭(1996: 69) 참조.

137) 이강훈(1976), 임홍빈(1981가/1998) 참조.

빈(1981가/1998)과 같은 통사·의미론적 고찰이 있다.

이상의 논의를 통해 사이시옷과 사이시옷이 개재된 구성이 충분히 규명되었다고 할 수 있다. 그런데 합성명사의 많은 예들은 선·후행 명사의 의미 관계를 어떻게 인식하느냐에 따라 사이시옷 개재 여부가 달리 파악되기도 한다는 것을 지적할 필요가 있다. 즉 방언에 따라 세대에 따라 또는 개인에 따라 동일한 합성명사에 대해 사이시옷의 개입이 달라지기도 하는데, 이는 그 의미 관계를 다르게 인식하였기 때문이다. 이 절에서는 합성명사의 구성 성분 간의 의미 관계에 집중하여 사이시옷의 개재 여부를 그 사례를 중심으로 살펴보기로 한다. 다음을 보자.[138]

(10) 가. 눈ø사태, 고무ø나무, 옹기ø장수, 꿀ø벌, 물ø바다, 거미ø줄, 과일ø접시, 돼지ø고기, 개ø다리, 개미ø집, 감기ø약, 수박ø씨, 사과ø맛, 새ø소리, 김장ø배추, 쥐ø덫, 농사ø일, 염통ø집(心室), …[139]

나. 신ㅅ장, 술ㅅ잔, 담배ㅅ가게, 벼루ㅅ돌, 맥주ㅅ집, 안경ㅅ집, 기름ㅅ배, 쌀ㅅ가마, 물ㅅ병, 약ㅅ병, 술ㅅ독, 성냥ㅅ갑, 디딤ㅅ돌, …

다. 과일ø바구니 : 과일ㅅ바구니, 사과ø상자 : 사과ㅅ상자, 빨래ø집게 : 빨래ㅅ집게, 버선ø장 : 버선ㅅ장, 기름ø걸레 : 기름ㅅ걸레, 모ø자리 : 모ㅅ자리, 마루ø방 : 마루ㅅ방, 말ø굽 : 말ㅅ굽, 말ø솔 : 말ㅅ솔, …

라. 씨ø닭 : 사냥ㅅ개, 노래ø방 : 공부ㅅ방, 화장ø비누 : 세수ㅅ비누, 구두ø약 : 구두ㅅ솔, 짐ø수레 : 짐ㅅ배, 고기ø배 : 고기ㅅ배, 꿈ø자리/별ø자리 : 잠ㅅ자리, 개ø구멍/쥐ø구멍 : 단추ㅅ구멍,[140] …

---

138) 아래에서 'ø'은 선·후행 명사 사이에 사이시옷이 개재되지 않음을 의미하고 'ㅅ'은 사잇소리가 나 사이시옷이 개재됨을 풀어 표시한 것이다.

139) '물시계, 불시계'는 '해시계, 모래시계'와 마찬가지로 〈유형, 대상〉 혹은 〈수단, 방법〉의 의미 관계로 사이시옷이 개재되지 않는 것이 일반적이나 선행 성분의 말음이 'ㄹ'이고 후행 성분의 두음이 'ㅅ'이라는 음운론적 환경 때문에 경음화될 수도 있다.

140) '단추ㅅ구멍'은 '단추를 끼우게 된 구멍'과 '단추를 달 때에 실을 꿰기 위하여 단추에 뚫은 구멍'으로 각각 〈용도〉와 〈처소〉의 의미 관계를 이룬다.

마. 물ø뱀:물ㅅ새, 가위ø다리:상ㅅ다리,141) 아래ø알:아래ㅅ알,142)
　　우물ø귀신 : 우물ㅅ귀신, 수ø나라 : 수ㅅ나라, 산ø개구리 : 산ㅅ
　　개구리, 산ø박쥐 : 산ㅅ박쥐, 가슴ø살 : 가슴ㅅ살, …
바. 배ø멀미 : 배ㅅ멀미,143) 말ø솜씨 : 말ㅅ솜씨, 담배ø잎 : 담배ㅅ
　　잎, 밤ø송이 : 밤ㅅ송이, 눈ø송이 : 눈ㅅ송이,144) 버선ø발 : 버선
　　ㅅ발, …
사. 쥐ø불/도깨비ø불 : 모기ㅅ불, …
아. 개ø소리 : 모기ㅅ소리, …
자. 코ø방귀 : 코ㅅ방귀, …
차. 국수ø물 : 국수ㅅ물, …

　위의 (10)은 합성명사의 구성 성분 사이의 의미 관계 유형에 따라 사이
시옷의 개재 여부가 결정됨을 보인 것이다. (10가)의 합성명사류는 〈유
형, 대상〉의 의미 관계로 사이시옷이 개재되지 않으나145) (10나)의 합성
명사류는 〈용도〉의 의미 관계로 사이시옷이 개재된다.146) 그러나 (10다,
라)를 보면, (10다)는 〈유형, 대상〉의 의미 관계와 〈용도〉의 의미 관계가
모두 가능하여 같은 합성명사 형태라 하더라도 그 의미 관계의 인식 방법

---

141) '책상다리'는 '한쪽 다리를 오그리고 다른 쪽 다리는 그 위에 포개어 얹고 앉은 자
　　세'를 의미하는데, 후행 성분인 '다리'가 환유를 겪었다 하더라도 그 의미 관계는 〈수
　　단, 방법〉이므로 사이시옷이 개재되지 않는다.
142) "수판의 가름대 아래쪽의 알."
143) '차멀미'는 〈유형, 대상〉의 의미 관계만 가능하여 사이시옷이 개재되지 않는다.
144) '포도송이'는 〈유형, 대상〉의 의미 관계로 사이시옷이 개재되지 않는다.
145) 이 외에 선행 명사가 [(N)-V-이/음/기/개] 구성인 '뜯이것, 숨이고기, 맺이관, 되
　　돌이교배, 걸이등, 걸이못, 젖먹이동물(哺乳動物), 젖빨이동물(哺乳動物), 피먹이박
　　쥐, 벌레잡이잎(捕蟲葉), 손밀이대패, 슊음배추, 닦음대패, 보찜만두, 보기신경(視
　　神經), 듣보기장사, 붙이기일가, 되넘기장사, 걷기운동, 뜨개바늘, 걸개그림, 쓰개치마'
　　등도 선·후행 명사가 〈유형, 대상〉의 의미 관계를 이루어 사이시옷이 개재되지
　　않는다.
146) 각주 130)에서 〈용도〉의 의미 관계를, 후행 명사에 대해 선행명사가 갖는 '목적,
　　방향, 내용물' 등을 포괄하는 개념으로 파악하였으므로 김창섭(1996:72)에서 언급
　　한, '공기ㅅ밥, 병ㅅ술, 잔ㅅ술, 말ㅅ술, 말ㅅ밥, 말ㅅ곡식, 뭉치ㅅ돈, 근ㅅ담배'같
　　이 선·후행 명사가 단위명사와 그 계량의 대상이 되는 명사로 이루어진 합성명사
　　유형도 〈용도〉의 의미 관계를 이루는 것으로 볼 수 있다.

에 따라 사이시옷이 개재되기도 하고 개재되지 않기도 한다. 즉 그 구성 성분의 의미 관계가 후행 명사에 대하여 선행 명사가 하나의 유형이나 대상으로 기능하는 경우 '과일∅바구니, 사과∅상자, 빨래∅집게, 버선∅장, 기름∅걸레, 모∅자리, 마루∅방, 말∅굽, 말∅솔'처럼 사이시옷이 개재되지 않지만, 후행 명사에 대하여 선행 명사가 그 쓰임의 목적물로 기능하는 경우 '과일ㅅ바구니, 사과ㅅ상자, 빨래ㅅ집게, 버선ㅅ장, 기름ㅅ걸레, 모ㅅ자리, 마루ㅅ방, 말ㅅ굽, 말ㅅ솔'과 같이 사이시옷이 개재된다.[147] 또한 (10라)와 같이 비슷한 합성명사 유형으로 판단되는 것들이 그 의미 관계의 인식 차이에 따라 사이시옷 개재를 달리한다. 일례로 '씨∅닭 : 사냥ㅅ개, 짐∅수레 : 짐ㅅ배'의 경우, 각각 '씨를 받기 위하여 기르는 닭', '사냥할 때 부리기 위하여 길들인 개'와 '짐을 싣는 수레', '짐을 실어 나르는 배'의 의미로 그 의미 차이를 발견하기 쉽지 않은데, 이들에 대해 그 의미 구조를 달리 파악한 결과 사이시옷 출현 여부가 다르게 나타난 것이다.

이처럼 사이시옷이 나타나는 〈용도〉의 의미 관계를 이루는 많은 합성명사는 또한 사이시옷이 나타나지 않는 통사부 합성명사에서 일반적으로 발견되는 〈유형, 대상〉의 의미 관계를 이루기도 한다. 따라서 앞서 가정

---

147) '버선장'의 경우 〈용도〉의 의미 관계인 (10나)의 '신ㅅ장'을 고려하면 '버선ㅅ장'처럼 사이시옷이 개재되어야 하나 〈유형, 대상〉의 의미 관계인 '버선∅장'을 〈표준〉을 포함한 많은 사전에서 인정하고 있다. 한편 '기름걸레'는 '기름기를 닦는 걸레' 또는 '기름을 묻혀서 물건을 닦는 걸레'이다. 후자는 〈수단, 방법〉의 의미 관계로 파악되므로 사이시옷이 개재되지 않으나, 전자는 〈용도〉와 〈유형, 대상〉의 의미 관계가 모두 가능하여 사이시옷이 개재될 수도 있고 개재되지 않을 수도 있다. 〈표준〉은 사이시옷이 개재되지 않는 것으로 파악하고 있다. 이 외에 (10다) 예들에서 '빨래∅집게, 모ㅅ자리, 마루∅방, 말∅굽' 등을 〈표준〉은 표준어로 인정하고 있으며, '과일?바구니, 사과?상자'('?'는 '∅'와 'ㅅ'이 결정되지 않은 상태를 표시함) 등은 표제어로 등재하지 않았다. 그러나 후자의 예들도 충분히 한 단어라 판단된다. 이하 제시되는 합성명사는 가장 공신력이 있는 〈표준〉을 기준 삼아 언급하기로 한다.

한 대로 〈용도〉의 의미 관계에 나타난 사이시옷은 현대 국어에서 그 〈용도〉의 의미 관계를 이루는 합성명사를 형성하기 위한 고유의 형태론적 표지로 기능하면서 무표지인 〈유형, 대상〉의 의미 관계를 보이는 합성명사의 구성 성분을 〈용도〉의 의미 관계를 이루도록 하는 요소라고 할 수 있다.

한편 (10마, 바)는 〈유형, 대상〉과 〈처소〉의 의미 관계 또는 〈유형, 대상〉과 〈기원〉의 의미 관계로 인식하여 사이시옷의 개재가 달리 나타난 합성명사류이고,148) (10사, 아)는 합성명사의 구성 성분 사이의 의미 관계가 〈형상〉과 〈용도〉 또는 〈형상〉과 〈기원〉인 경우이다.149) (10자)의 '코 ϕ 방귀 : 코ㅅ방귀'는 각각 〈수단, 방법〉과 〈기원〉 또는 〈처소〉의 의미 관계로, (10차)의 '국수 ϕ 물 : 국수ㅅ물'은 〈재료〉와 〈기원〉의 의미 관계로 달리 인식하여 사이시옷의 개재가 차이를 보이는 예들이다.150)

이상의 논의 결과는 아래의 경우에서도 확인된다.151)

> (11) 가. 바다ϕ짐승, 바다ϕ지빠귀, 바다ϕ제비, 바다ϕ오리, 바다ϕ수세미, 바다ϕ빙어, 바다ϕ사자, 바다ϕ거북, 바다ϕ낚시
> 나. 바다ㅅ개, 바다ㅅ소금, 바다ㅅ자갈, 바다ㅅ모래, 바다ㅅ고기, 바다ㅅ말, 바다ㅅ게, 바다ㅅ사람, 바다ㅅ조개, 바다ㅅ새, 바다ㅅ장어
> 다. 바다ㅅ소리, 바다ㅅ바람

---

148) 그런데 〈표준〉에서는 '물ϕ뱀, 물ㅅ새, 가위ϕ다리, 상ㅅ다리, 우물ϕ귀신, 수ϕ나라, 산ϕ개구리, 산ㅅ박쥐, 가슴ㅅ살(10마)/배ㅅ멀미, 말ㅅ솜씨, 담배ㅅ잎, 밤ϕ송이, 눈ㅅ송이, 버선ϕ발(10바)' 등이 표제어로 등재되어 있다.

149) 그런데 '개ϕ소리'는 '아무렇게나 지껄이는 조리 없고 당치 않은 말'을 비속하게 이르는 말로서 〈형상〉의 의미 관계인 것은 분명하나, '모기?소리'는 '모기가 날아다닐 때 내는 소리'와 '아주 가냘픈 소리'를 비유적으로 이르는 말로 전자는 〈기원〉의 의미 관계로 '모기ㅅ소리'와 같이 사이시옷이 개재되지만 후자는 〈형상〉의 의미 관계로 '모기ϕ소리'도 가능할 것 같다. 그러나 전자의 1차적 의미에서 후자의 2차적 의미로 의미의 확장이 일어난 것으로 보면 '모기ㅅ소리'만을 인정하여도 문제될 것은 없다. 당연히 〈표준〉에는 '개ϕ소리, 모기ㅅ소리'가 등재되어 있다.

150) 〈표준〉에서는 '코ㅅ방귀, 국수ϕ물'을 표준어로 인정하고 있다.

151) 아래 (11)의 예들은 〈표준〉에 등재되어 있는 것들을 재분류한 것이다.

(12) 가. 동냥∅젖
    나. 동냥ㅅ밥
    다. 동냥ㅅ자루
    라. 동냥∅중 : 동냥ㅅ중

(11, 12)는 합성명사의 선행 명사가 각각 '바다'와 '동냥'으로 고정되어 있는 예들을 모아 놓은 것인데, (11가)의 합성명사들은 그 선·후행 명사가 〈유형, 대상〉의 의미 관계를 이루어 사이시옷이 개재되지 않지만, (11나, 다)는 각각 〈처소〉와 〈기원〉의 의미 관계로 사이시옷이 개재된 경우이다. (12가)의 '동냥젖'은 '남의 젖을 얻어먹는 일 또는 그 젖'을 의미하여 선·후행 명사의 의미 관계가 〈수단, 방법〉으로 사이시옷이 쓰이지 않으나, (12나, 다)의 '동냥밥', '동냥자루'는 '이 집 저 집 돌아다니면서 빌어먹는 밥', '동냥아치가 동냥한 것을 넣기 위하여 가지고 다니는 자루'를 가리키며 각각 〈기원〉과 〈용도〉의 의미 관계를 이루어 사이시옷이 필연적으로 개재된다. 그런데 '동냥을 다니는 중'을 뜻하는 (12라)의 '동냥중'은 〈유형, 대상〉과 〈용도〉의 의미 관계로 모두 인식 가능하므로 사이시옷이 쓰일 수도 있고 쓰이지 않을 수도 있다.[152]

그렇다면 다음의 예들을 보자.

(13) 가. 고기∅닭(肉鷄):고기ㅅ닭, 고기∅소(肉牛):고기ㅅ소, 부림∅자리(目的語):부림ㅅ자리, 도움∅줄기(補助語幹):도움ㅅ줄기, 따름∅수(函數):따름ㅅ수
    나. 울림∅소리(有聲音):울림ㅅ소리
    다. 예사∅소리(平音):예사ㅅ소리, 밤∅소경(夜盲症):밤ㅅ소경, 가을∅보리(秋麥):가을ㅅ보리, 봄∅소식(春信):봄ㅅ소식
    라. 사이∅골(間腦):사이ㅅ골, 받침∅소리(末子音):받침ㅅ소리

---

152) 〈표준〉에서는 '동냥ㅅ중'을 표준어로 인정하고 있다.

(13)은 합성명사의 구성 성분 사이의 의미 관계가 〈유형, 대상〉과 〈용도〉(13가), 〈기원〉(13나), 〈시간〉(13다), 〈처소〉(13라)로 파악되는 경우인데, 모두 한자어를 우리말로 번역한 예들이다. 이 경우 단지 번역에 충실하기 위해서는 사이시옷을 개재하지 않지만 각각의 의미 관계를 고려해서는 사이시옷을 개재하는 것이 일반적이다.[153)]

이와 관련하여 몇 예를 더 살필 필요가 있다. '들?국화'와 '들?장미'는 각각 '山菊', '野薔薇'를 번역한 것으로 '들∅국화'와 '들ㅅ장미'처럼 사이시옷의 쓰임에 차이를 보인다. '들ㅅ장미'의 경우 앞에서 본 대로 선행 성분의 말음이 'ㄹ'이고 후행 성분의 두음이 'ㅈ'이라는 음운론적 환경에 의한 것일 수도 있으며, 번역의 충실성보다 두 성분 간의 〈처소〉라는 의미 관계를 더 중요시하여 반영하려는 결과에 의한 것일 수도 있다. 두 가능성을 열어두기로 한다. 한편 '사이?시옷'은 〈처소〉의 의미 관계가 아닌 〈유형, 대상〉의 의미 관계로 사이시옷이 쓰이지 않은 '사이∅시옷'인 데 반해, '사이?소리'는 '間音, 挿入音'의 번역어이면서도 〈처소〉의 의미 관계를 고려하여 '사이ㅅ소리'처럼 사이시옷이 개재된다. 또한 사이시옷이 쓰이지 않은 '공기∅주머니'의 경우는 '새의 가슴과 배에 있어 허파와 통하는 얇은 막의 주머니'인 '氣囊'을 번역한 것으로, 〈용도〉의 의미 관계를 이루어 '공기를 불어넣거나 담을 수 있는 주머니'의 의미인 '공기ㅅ주머니'와는 그 대상이 다른 것이다.

이제 〈표준〉에 등재되어 있는 아래 (14)의 예들을 보자.

   (14) 가. 깨∅죽, 쌀∅죽, 콩∅죽, 보리∅죽
       나. 깨∅엿, 콩∅밥, 콩∅국수

---

153) 〈표준〉에서는 '고기∅닭, 고기∅소, 부림ㅅ자리, 도움∅줄기, 따름ㅅ수(13가)/울림∅소리(13나)/예사∅소리, 밤∅소경, 가을∅보리, 봄∅소식(13다)/사이∅골, 받침∅소리(13라)' 등이 표준어로 등재되어 있다.

다. 콩ㅅ엿, 쌀ㅅ엿, 호박ㅅ엿154)
라. 감자ㅅ국, 콩ㅅ국, 고기ㅅ국, 김치ㅅ국

(14가)는 '죽'이 후행 성분으로 선행 성분 '깨, 쌀, 콩, 보리'가 그 '죽'에 대하여 〈재료〉가 되는 경우이고, (14나) 또한 후행 성분에 대하여 선행 성분이 〈재료〉의 의미 관계를 이룬다. 이때는 사이시옷이 당연히 나타나지 않는다. 그러나 (14다, 라)와 같이 후행 성분이 '엿', '국'인 경우는 선행 성분이 모두 〈기원〉의 의미 관계로 파악되므로 사이시옷이 개재된다(신희삼(1995: 102), 김창섭(1996: 63)).

한편 '눈?사람', '김?밥'의 경우는 각각 '雪人', '눈을 뭉쳐서 사람 모양으로 만든 것'과 '김 위에 밥을 펴 놓고 여러 가지 반찬으로 소를 박아 둘둘 말아 싸서 썰어 먹는 음식'을 가리키면서 〈유형, 대상〉이나 〈재료〉의 의미 관계로 파악되어 사이시옷이 쓰이지 않은 '눈∅사람', '김∅밥'이 되어야 한다. 또한 '비빔밥'은 '고기나 나물 따위와 여러 가지 양념을 넣어 비빈 밥'으로 '비빔국수, 비빔냉면' 또는 '볶음밥'과 마찬가지로 선·후행 명사가 〈수단, 방법〉의 의미 관계를 이루어 '비빔∅밥'이 되어야 한다. 그러나 현실적으로 이들은 '눈ㅅ사람', '김ㅅ밥', '비빔ㅅ밥'처럼 사이시옷이 개재된 상태에서 많이 쓰이고 있다.155) 또한 〈처소〉의 의미 관계를 보여 사이시옷이 개재된 '땅ㅅ벌레'와 달리 〈유형, 대상〉의 의미 관계인 '일∅벌레, 책∅벌레'는 사이시옷이 개재되지 않는 것이 일반적인데, 같은 유형인 '공부?벌레'는 사이시옷이 개재된 '공부ㅅ벌레'가 인정되고 있다. 결국 이들 모두는 사이시옷이 쓰일 수 있는 어떠한 의미 관계를 가지고 있지 않은데 사이시옷이 쓰인 것은, 선·후행 명사의 의미 관계와

---

154) '물엿'은 '아주 묽게 곤 엿'의 의미로 〈형상〉의 의미 관계인데도 '쌀엿'과 마찬가지로 사이시옷이 개재되어 '[물렫]'으로 발음되는데, '쌀엿'에 유추된 결과로 보인다.
155) 〈표준〉에서는 '눈ㅅ사람, 김∅밥, 비빔ㅅ밥'을 표준어로 인정하고 있어 그 기준과 이유를 파악하기가 매우 어렵다.

무관하게 현재 사이시옷이 무분별하게 쓰임의 확대를 보이고 있는 것과 관련 있는 것으로 판단된다.

그러나 이러한 일부의 경우를 제외하고는 위 논의에서 확인되는 바와 같이 합성명사의 많은 예들은 선·후행 명사의 의미 관계에 따라 사이시옷 개재 여부가 결정되고, 그 의미 관계를 어떻게 인식하느냐에 따라 사이시옷 개재 여부가 달리 파악되기도 한다.

4.3 [N-V-이/음/기/개] 구성의 합성명사 분석

4.3.1 도입

구조주의를 바탕으로 한 형태론(조어론) 연구 이후 [N-V-이/음/기/개] 명사는 가장 큰 관심을 가지고 논의되어 온 대상이다.[156] 우선 그 예를 들어 보면 다음과 같다.[157]

(15) 가. [N-V-이][158]
　　　고기잡이, 구두닦이, 젖먹이, 재떨이, 옷걸이, 턱걸이, 때밀이, 신문팔

---

156) [N-V-이/음/기/개]류는 일반적으로 통합 합성어(synthetic compound)라 하여 논의되어 왔다. '(X)-V-음/기' 구성에 대하여 통사적 구성에서 어휘화 또는 단어화에 의해 형성된 것으로 보고 '-음/-기'를 명사형어미로 간주하려는 논의도 있으나 (시정곤(1993, 1999), 송원용(1998), 최형용(2000)), 우리는 송철의(1989/1992), 하치근(1989, 1999), 김창섭(1996)에 따라 '-음/-기'를 '-이/-개'와 마찬가지로 파생 접미사로 보고 논의를 진행하기로 한다.

157) [ADV-V-이/음/기/개] 명사의 예로는 '마구잡이, 마주잡이, 바로꽂이, 싹쓸이, 깊이갈이, 막벌이, 바로쓰기, 마주보기, 높이뛰기, 거저먹기, 꽉집게(=꽉집이)' 등이 있다. 또한 어떠한 접미사 형태와 결합하지 않은 '뻥튀기, 씨내리, 말더듬' 등도 존재한다. 이들도 우리의 논의에 포함하여 함께 다룰 것이다.

158) [N-V-이] 명사가 다시 선행 성분으로 합성의 과정을 겪은 예로 '젖먹이동물, 젖빨이동물, 피먹이박쥐, 벌레잡이잎, 손밀이대패, 겨우살이풀' 등이 있다.

이, 가을걷이, 책꽂이, 꽃꽂이, 바람막이, 문넘이, 소몰이, 해돋이, 달
구리(←닭울이), 굽달이, 손씻이, 책씻이, 돌실낳이, 봄낳이, 입비뚤
이, 손잡이, 낯가리, 삼치구이, 더덕구이, 소금구이, 전기구이, 철판구
이, 돈벌이, 외화벌이, 지게벌이, 사물놀이, 마당놀이, 불놀이, 윷놀
이, 논갈이, 밭갈이, 가을갈이, 감옥살이, 살림살이, 곁방살이, 가슴앓
이, 물갈이, 물받이, 귀걸이, 집들이, 개구멍받이, …

나. [N-V-음]159)

끝맺음, 낯가림, 눈가림, 몸놀림, 입가심, 자리바꿈, 책받침, 책상물
림, 보리누름,160) 관디벗김, 술적심, 속가름,161) 후물림, 땅울림, 사
람됨, 마음가짐, 말다툼, 발돋움, 밤샘, 탈바꿈, 장조림, 갈치조림, 미
역무침, 묵무침, 낙지볶음, 닭볶음, 닭찜, 아귀찜, 새우튀김, 고구마튀
김, 눈싸움, 말다툼, 주먹다짐, 보쌈, 억지웃음, …

다. [N-V-기]

줄넘기, 글짓기, 김매기, 널뛰기, 술레잡기, 보물찾기, 목매기, 목조르
기, 양치기, 집짓기, 봄베기, 부넘기, 무넘기, 말재기, 장내기, 먼산바
라기, 똥받기, 가로쓰기, 앞차기, 피돌기, 모내기, 외발뛰기, 배지기,
발차기, 손빚기, 겉보기, 그물닿기, 구석차기, …

라. [N-V-개]

이쑤시개, 병따개, 거름거르개, 물뿌리개, 손톱깎개, 머리쓰개, 발싸
개, 귀마개, 실감개,무늬찍개, 겉싸개, 속싸개, 밑씻개, 똥싸개, 오줌
싸개, 침흘리개, 애보개, …

(15)의 예들은 각각 [N-V-이/음/기/개] 구성으로 사건·상태·추상
물·위치 명사와 사람·사물 명사 등 모든 명사의 의미 분류 유형이 가능
하다. 우선 초기 구조주의의 분석적 연구에서 이익섭(1965: 569-570)은 IC
분석의 기준으로 의미의 관련성, 보다 작은 단위에 의한 대치 가능성, 언
어 전 구조에 의한 지원도 등이 중심이 되고, 양분성과 독립성이 보조적인 것
이라고 하였고, 성기철(1969: 66-69)는 이 외에 연속성, 어두 자음군의 기

---

159) [N-V-음] 명사가 다시 선행 성분으로 합성 과정을 겪은 예로 '보쯤만두'가 보인다.
160) "보리가 누렇게 익는 철."
161) "돈이나 물품의 총액을 적고 그것을 작게 잘라서 낱낱이 밝힘. 또는 그렇게 적은
　　것."

피, 합성 접사의 기피 등을 포함하여 IC 분석 기준을 제시하고 있다(김동식 (1994: 392-393)). 그러나 두 논의는 (15)의 예 대부분을 암묵적으로 [V-이/음/기/개]의 독립성에 우선 순위를 두어 합성명사로 처리하고 있다. 그런데 '바로쓰기'의 경우 이익섭(1965)는 '언어 전 구조에 의한 지원도'에 더 중점을 두어 '바로쓰-기'로 IC 분석을 하였으며, 성기철(1969)는 '독립성'에 더 집중하여 '바로-쓰기'로 구조를 파악하였다. 이렇게 같은 방법을 사용하면서 그 분석 기준에 따라 또는 그 기준의 우선 순위에 따라 다른 결과에 이르게 된다. 이는 어형성적 연구에서도 별반 다르지 않다.

결국 [N-V-이/음/기/개] 명사에 대하여, 명사와 동사의 의미 관계를 고려하여 [[N-V]-이/음/기/개] 구조 곧 파생명사로 파악하는 경우와 동사와 접미사의 결합에 대한 독립성을 우선적으로 고려하여 [N-[V-이/음/기/개]] 구조 즉 합성명사로 파악하는 경우로 나뉜다고 할 수 있다. 전자의 입장에는 김계곤(1969), 허웅(1975/1983), 김창섭(1983, 1996), 이재인(1989, 1991), 송철의(1990), 고재설(1992, 1993), 시정곤(1993), 김의수(2002) 등이 있으며, 후자에는 이익섭(1965), 성기철(1969), 유목상(1974), 연재훈(1986, 2001), 이석주(1989/1994), 이재인(1993), 김동식(1994), 채현식(2000) 등이 있다. 이렇게 [N-V-이/음/기/개] 명사에 대하여 다른 주장을 내세우는 가장 큰 이유는 각각의 논의에서 상정한 [N-V] 합성동사와 [V-이/음/기/개] 파생명사를 독립적으로 존재한다고 해야 하는지 확실하지 않기 때문이다. 이에 졸고(1995)에서는 전자의 [N-V](합성동사)와 후자의 [V-이/음/기/개](파생명사) 형태를 (실재어로서) 실재하든 (잠재어로서) 실재하지 않든 모두 인정하여 두 논의를 포괄할 수 있는 구조를 제시한 바 있다.162)

---

162) 이 경우 [N-V]는 동사에 대하여 명사가 대상(Theme)의 의미 관계를 가지거나 수단·방법의 부사적 의미를 가진 부가 수식 구조로 볼 수 있다. 대상의 의미 관계일 때는 사전(어휘부)에서 의미역 동일시(θ-identification) 방식으로 의미역 기준이

이 절에서는 몇 가지 근거를 들어 [N-V-이/음/기/개] 명사를 [N-[V-이/음/기/개]] 구조, 곧 합성명사로 볼 수 있는 가능성을 타진해 보고자 한다.

4.3.2 [N-V-이/음/기/개] 구성의 합성명사 분석

우선 [[N-V]-이/음/기/개]] 구조 입장에서 보면, 명사와 동사는 '주어+자동사', '목적어+타동사' 구성만 가능하고 그 명사는 동사에 대하여 오직 대상(Theme)의 의미 관계를 가진다. 즉, '고기잡이, 끝맺음, 줄넘기, 이쑤시개' 등은 명사가 동사에 대하여 대상 이외에 다른 의미 관계를 가질 수 없으며, '해돋이, 땅울림, 피돌기' 등 또한 동사와 동일한 의미 관계에 있다.[163] 또한 [[N-V-이/음/기/개]]의 예인 '고기잡이, 끝맺음, 줄넘기, 이쑤시개' 등의 '고기, 끝, 줄, 이'와 '잡이, 맺음, 넘기, 쑤시개'

충족되며, [V-이/음/기/개]는 동사가 내부 논항을 취하든 취하지 않든 접미사와 동사 간에 핵-보충어 관계가 유지된다고 파악하여 '삼치구이', '전기구이'의 구조를 아래와 같이 제안하였다(졸고(1995: 65-71)).

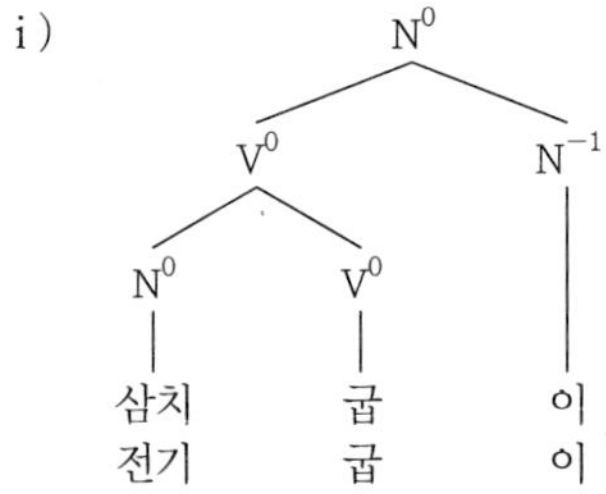

163) [N-V-이/음/기/개] 구조뿐만 아니라 [ADV-V-이/음/기/개] 구조에 대하여 김창섭(1983)에서는 '주어+자동사', '부사어+자동사', '목적어+타동사', '부사어+타동사' 등의 관계만이 가능하고 '주어+타동사', '목적어+자동사'의 관계는 불가능하다고 지적하였다. 한편 고재설(1993)은 이러한 '주어+자동사' 관계를 Perlmuter(1978)의 '비대격 가설'을 받아들여 '목적어+타동사' 관계와 구조적으로 같이 보고 있다. 이러한 명사와 동사 간의 관계와 문법적 성격에 대한 자세한 논의는 이재인(1989), 고재설(1992, 1993), 시정곤(1993), 졸고(1995), 김창섭(1996), 고광주(2000가, 2000나) 등을 참조.

사이에 일반적으로 사이시옷이 개재되지 않는 것은 이들 구성의 선·후행 성분이 관형적으로 수식하는 구조가 아닐 개연성이 높다.164) 그런데 [[N-V]-이/음/기/개]] 구조는 V]-이/음/기/개]가 재분석 또는 재구조화를 통해 자립성을 얻어 (하나의 명사나 접사로서) 다른 합성명사나 파생명사의 한 부분을 차지할 수 있다.165)

그러나 명사와 동사의 의미 관계를 [N-[V-이/음/기/개]]의 합성명사 구성에서도 포착할 수 있으며, 합성명사의 사이시옷 개재 여부가 그 구성 성분 간의 의미 관계에서 찾아진다는 앞선 논의를 받아들인다면 [N-V-이/음/기/개] 명사를 [N-[V-이/음/기/개]] 구성 곧, 합성명사로 파악할 수 있다. 그럼으로써 예외적이고 비규준적인 재분석, 재구조화 기제를 설정할 필요가 없게 된다.166)

그렇다면 [N-V-이/음/기/개] 명사를 합성명사로 볼 수 있는 근거는 무엇인가?

첫째, '고기잡이, 끝맺음, 줄넘기, 이쑤시개' 등에서 '고기잡-, 끝맺-, 줄넘-, 이쑤시-' 같은 합성동사보다는 '잡이, 맺음, 넘기, 쑤시개'와 같은 파생명사가 실재할 가능성이 훨씬 크다.167) 즉 [V-이/음/기/개]의 파생명사가 다른 합성명사(16가, 나, 다, 라)나 파생명사(16가', 나', 라')를 형성하는 데 참여할 수 있으며, 완전히 독립적으로 나타나는 경우도 있다(17).

---

164) 김창섭(1983, 1996: 120-122).

165) 그 예와 자세한 설명은 고재설(1993: 127), 김창섭(1996: 127-132) 참조.

166) 우리와 같은 입장에서 문법 기술의 경제성과 일관성의 관점으로 [[N-V]-이/음/기/개] 구조 분석을 비판한 논의로는 연재훈(1986, 2001)이 있다.

167) 이러한 '실재할 가능성'이 우리의 논거로서 타당한지 재고해 보아야 할지 모른다. 왜냐하면 [N-V] 합성동사류의 '실재할 가능성'도 고려해야 하기 때문이다. [N-V-이/음/기/개] 구성에 대한 앞의 두 입장에서 모두 근거로 내세운 것이니만큼 분명 문제가 있는 것이다. 이에 대해 우리는 분명한 답을 제시하지는 못한다. 단지 전체적으로 일관되게 우리의 논의를 진행하기 위한 시발로서 하나의 전제 혹은 소극적 근거로 '실재할 가능성'을 든 것이다.

(16) 가. [[V-이]+N]

뜯이것, 숨이게, 숨이고기, 맺이관, 되돌이교배, 걸이등, 걸이못, 갈이
칼, 갈이틀, 놀이터, 접이문, 먹이사슬, 다듬잇돌, …

가'. [[V-이]+Suf][168]

놀이꾼, 갊이질, 갈이질, 닦이질, 뿜이개, 털이개, 노리개, …

나. [[V-음]+N]

비빔냉면, 지름길, 뜀틀, 디딤돌, 갈림길, 구름판, 잠자리, 쉼터, 걸림돌,
알림판, 버팀목, 오름세, 볶음밥, 싸움닭, 돌림젖(=동냥젖), 솎음배추, 솎
음국, 가림판, 다짐글, 맺음말, 씻김굿, 차림표, 속임수, 어림수, 붙임줄,
어둠상자, 웃음거리, 갈림새, 닦음대패, 누름단추, 꽂임촉, …

나'. [[V-음]+Suf]

부침개, 생김새, 쓰임새, 짜임새, 꾸밈새, 닦음새, 먹음새, 새김질, 다
림질, 땜질, 싸움질, 뒤바뀜질, 닦음질, 느림보, 느림뱅이, 붙임성, …

다. [[V-기]+N]

깎기끌, 보기신경, 듣보기장사, 붙이기일가, 되넘기장사, 걷기운동,
보내기번트, …

다'. [[V-기]+Suf][169]

X

라. [[V-개]+N]

뜨개바늘, 걸개그림, 쓰개치마, …

라'. [[V-개]+Suf]

뜨개질, 훔치개질, 싸개질, 뒤집개질, 닦개질,[170] …

(17) 가. [V-이][171]

놀이, 구이, 떨이, 다듬이, 마무리, 몰이, 먹이, 벌이, 풀이, 까불이, 더듬
이, 흔들이, 겸이, 훑이, 걸이, 낳이, 꺾꽂이, 나들이, 여닫이, 떠돌이, 붙
박이, 휘묻이, 안타깝이, 비뚤이, 높이, 깊이, 넓이, 길이, 높낮이, …

나. [V-음][172]

---

168) [Pref+[V-이]] 구조인 '건(乾)-삶이'(마른논을 써레로 썰고 나래로 골라 흙을 부
드럽게 고르는 일)도 발견된다.

169) '[[V-기]+Suf]' 형태가 다른 구성과 달리 발견되지 않는다. 그러나 '아기가 가만히 누
워 있지 않고 계속 뒤집기질을 해댄다.'와 같이 '뒤집기질'이 가능할 것도 같다.

170) '닦음질'의 북한어.

171) 이와 같이 동사에 '-이'가 결합한 예 외에 동사의 명사형에 결합한 '지지미, 다리
미, 꿰미' 등이 있다. 이들 모든 예를 통해 볼 때 '-이'는 사람, 사물, 사건, 추상물
명사를 만드는 파생 접사이다.

가르침, 걸음, 놀음, 느낌, 뉘우침, 다짐, 도움, 모임, 물음, 보탬, 울음,
움직임, 흐름, 죽음, 졸음, 땜, 받침, 고름, 나무람, 이름, 시침, 셈, 비빔,
앎, 그림, 그을음, 묶음, 맞춤, 얼음, 짐, 찜, 주름, 튀김, 조림, 고름, 볶
음, 뜀, 삶, 뜸, 굶주림, 보살핌, 되새김, 비웃음, 가뭄, 어둠, 거름, 두려
움, 그리움, 슬픔, 아픔, 느낌, 게으름, 간지럼, 미끄럼, …
다. [V-기][173)
달리기, 던지기, 쓰기, 읽기, 더하기, 곱하기, 나누기, 빼기, 말하기,
보태기, 내기, 짜깁기, 다지기, 누르기, 조르기, 끝내기, 덮치기, 뒤집
기, 맛보기, 돌보기, 보기, 구르기, 꾸미기, 뽑기, 크기, 밝기, 굵기,
기울기, 안잠자기, 얼뜨기, …
라. [V-개][174)
찌개, 마개, 가리개, 깔개, 꾸미개, 누르개, 덮개, 베개, 싸개, 긁개,
지우개, 날개, 써레, 부채, 빨래, 얼개, 코뚜레, …

(17)에서는 [V-이/음/기/개]가 독립성을 완전히 확보하면서 사건·상
태·추상물 명사뿐만 아니라 사람·사물 명사도 됨을 알 수 있다. 또한
(16)에서는 그것들이 잠재 명사로서 합성과 파생 과정의 요소로 충분한
역할을 수행한다. 이는 실재 명사나 잠재 명사가 동일한 형태론적인 구성
을 이루면서 서로 유기적인 관련성을 가지고 있음을 말한다(연재훈(1986,
2001), 이재인(1993)).

둘째, [N-[V-이/음/기/개]] 구성에서 선행 성분과 후행 성분 사이의
의미 관계는 〈유형, 대상〉이거나 〈수단, 방법〉으로, [[N-V]-이/음/기/

---

172) 이들 모든 예를 통해 볼 때 '-음'은 사물, 사건, 상태, 추상물 명사를 만드는 파생
    접사이다.
173) 이들 모든 예를 통해 볼 때 '-기'는 사물, 사건, 추상물, 사람 명사를 만드는 파생
    접사이다.
174) 이와 같이 동작 동사에 '-개'가 결합한 예 외에 특이하게도 동사의 관형사형에 결
    합한 '디딜개(=딛개), 젖을개'가 있다. 이 모든 예를 통해 볼 때 '-개'는 사람, 사
    물 명사를 만드는 파생 접사이다. 한편 '에우개'는 '산란기에 고기 떼가 강가로 나
    올 때 강심 쪽으로 숨어들어 날쌔게 그물을 던져 에워싸는 일'을 의미하는 사건 명
    사로 매우 특이한 예이다.(사실 김창섭(1996: 149)에서는 타동사로 '에우다'가 있
    다고 하나 〈국어 대사전〉(금성), 〈표준〉 사전에는 표제어로 등재되어 있지 않다.
    혹시 '사방을 빙 둘러싸다'의 의미인 '에우다'의 방언형이 아닐까 한다.)

개] 구조를 주장하는 입장에서 내세운 '주어＋자동사', '부사어＋자동사', '목적어＋타동사', '부사어＋타동사' 등의 통사적 관계를 [N]과 [V-이/음/기/개] 사이에서도 포착할 수 있다.175) 먼저 '고기잡이, 해돋이, 끝맺음, 땅울림, 줄넘기, 피돌기, 이쑤시개' 등을 보면 후행 성분인 '잡이, 돋이, 맺음, 갈림, 넘기, 돌기, 쑤시개'에 대하여 선행 성분인 '고기, 해, 끝, 길, 줄, 피, 이'는 각각 〈대상Theme〉의 의미 관계를 가진다. '오막살이, 셋방살이, 곁방살이, 감옥살이, 하루살이, 피난살이, 종살이, 타향살이',176) '귀걸이, 목걸이, 코걸이, 팔걸이, 턱걸이' 등은 후행 성분 '살이, 걸이'에 대하여 선행 성분들이 〈유형Type〉의 하나로서 기능한다고 볼 수 있는 경우이다. 또한 '가을갈이, 봄베기, 그물닿기, 구석차기'의 경우는 각각 '春伐, 秋耕, 네트터치, 코너킥'의 번역어로서 4.2.3의 (13)의 예들과 같이 〈유형, 대상〉으로 파악할 수 있다.

한편 '손잡이, 소금구이, 전기구이, 지게벌이, 집들이, 개구멍받이, 눈싸움, 말다툼, 주먹다짐, 보쌈, 억지웃음, 가로쓰기, 앞차기, 외발뛰기' 등은 선·후행 성분이 〈수단, 방법〉의 의미 관계를 이루는 경우인데, 부사와 명사가 결합하여 비통사적 합성명사라고 일컫기도 하는 '풀쳐생각, 나란히꼴, 깜박등, 척척박사, 깜짝쇼'와 [ADV-[V-이/음/기/개]] 구성인

---

175) 물론 [[N-V]-이/음/기/개] 구성에서 그 의미·통사적 관계가 더 잘 포착된다. 그러나 우리의 기본적인 생각은 미시적으로는 4.3.3에서 언급하는 바와 같이 일반적인 합성명사 구성에서 파악되는 의미 관계가 [N-V-이/음/기/개] 구성에서도 예외 없이 발견되는 이상 통합적으로 기술할 수 있다는 것이고, 거시적으로는 형태론(조어론) 연구에 통사·의미론의 기제를 원용할 수는 있어도 각각의 부문(영역)이 넘나들거나 딸린 관계로 파악해서는 안 된다는 것이다. 한편 연재훈(2001: 341)에서는 [N-V-이/음/기/개] 명사를 우리와 같이 합성명사로 파악하면서, 자세하게 논의는 하지 않았지만 선·후행 명사의 의미 관계를 '대상, 장소, 도구, 기원, 시간, 방식'으로 유형화하려는 시도가 보인다.

176) '드난살이'는 현재 합성동사로 존재하는 '드난살-'에 '-이'가 결합한 것이고 '더부살이'는 중세 국어에 존재했던 합성동사 '더브살-'에 '-이'가 결합한 것이므로 위의 예와는 다른 구조를 가지고 있다(김창섭(1996: 131-132)).

'마구잡이, 마주잡이, 바로꽂이, 싹쓸이, 막벌이, 깊이갈이, 바로쓰기, 마
주보기, 높이뛰기, 거저먹기, 꽉집게(=꽉집이)' 등도 선·후행 성분이 〈수
단, 방법〉의 부사적 의미 관계를 보여 모두 통합하여 설명할 수 있는 예
들이라 할 수 있다.

이와 관련하여 [N-[V-이/음/기/개]] 구성에서의 사이시옷 문제를 살
펴볼 필요가 있다. [N-V-이/음/기/개]] 명사들은 선·후행 성분 사이에
일반적으로 사이시옷이 개재되지 않아 이들 예들을 [[N-V]-이/음/기/
개] 구성으로 보고자 하는 논의들이 있어 왔다. 그러나 앞 절에서 합성명
사의 사이시옷 개재 여부가 그 구성 성분 간의 의미 관계에 의해 결정된
다고 한 것을 [N-[V-이/음/기/개]] 명사에도 적용하여 동일한 결과가
도출된다면 [N-V-이/음/기/개]] 명사를 합성명사라고 주장하는 데 큰
어려움이 없을 것이다. 바로 위에서 '고기잡이, 해돋이, 끝맺음, 땅울림,
줄넘기, 피돌기, 이쑤시개', '오막살이, 셋방살이, 곁방살이, 감옥살이,
하루살이, 피난살이, 종살이, 타향살이', '귀걸이, 목걸이, 코걸이, 팔걸이,
턱걸이', '가을갈이, 그물닿기, 구석차기' 등은 선·후행 성분이 〈대상〉
이나 〈유형〉, 곧 〈유형, 대상〉의 의미 관계에 있다고 하였고, '손잡이,
소금구이, 전기구이, 지게벌이, 집들이, 개구멍받이, 눈싸움, 말다툼, 주
먹다짐, 보쌈, 억지웃음, 가로쓰기, 앞차기, 외발뛰기' 등은 〈수단, 방법〉
의 의미 관계를 이룬다고 하였다. 이러한 의미 관계는 본래 사이시옷이
개재할 수 없는 경우로 일반적인 합성명사의 사이시옷 개재 원칙에 부합
된다. 이는 김창섭(1996: 121)에서 제시한 아래의 예들도 설명할 수 있다.

    (18) 글ø짓기(글ㅅ공부), 물ø받이(물ㅅ지게, 물ㅅ독), 구두ø닦이(山ㅅ監
        督), 발ø감개(발ㅅ수건), 가슴ø걸이(가슴ㅅ바대), 소금ø절이(밤ㅅ
        구경), 눈ø가늠(눈ㅅ대중), 발ø돋움(발ㅅ장단), 손ø잡이(손ㅅ거울)

(18)에서 확인할 수 있듯이 괄호 안에 있는 예들과 달리 [N-V-이/음/기/개] 명사들은 하나같이 사이시옷이 개재되지 않았다.[177] 이는 괄호 안의 예들이 사이시옷이 개재될 수 있는 의미 관계를 가진 경우인 데 반해 [N-V-이/음/기/개] 명사는 합성명사로서 그 구성 성분의 의미 관계에 의해 사이시옷이 개재되지 않은 것으로 파악된다. 즉 합성명사 [N-[V-이/음/기/개]]는 모두 선·후행 성분이 〈유형, 대상〉이나 〈수단, 방법〉의 의미 관계를 이루고 있지만, 괄호 안의 예들은 〈용도〉(글ㅅ공부, 물ㅅ지게, 물ㅅ독, 발ㅅ수건, 가슴ㅅ바대[178]), 〈시간〉(밤ㅅ구경), 〈소유, 기원〉(눈ㅅ대중, 발ㅅ장단), 〈처소〉(山ㅅ監督, 손ㅅ거울)의 의미 관계인 것이다.

[N-V-이/음/기/개] 구성을 합성명사로 볼 수 있는 또 다른 근거는 앞에서 살핀 [N-V-이/음/기/개] 명사와 [V-이/음/기/개] 명사가 다양한 의미 분류 유형을 가진다는 데에서 찾을 수 있다. 즉 이들은 앞에서 확인한 바와 같이 사건·상태·추상물·위치 명사뿐만 아니라 사람·사물 명사, 즉 실체 명사든 비실체 명사든 모두 가능하다. 그런데 '고기잡이, 턱걸이, 바람막이, 소몰이, 소금구이, 철판구이', '보쌈, 속가름, 후물림', '줄넘기, 양치기, 집짓기, 먼산바라기, 봄베기', '손뜨개'와 같이 일부 [N-V-이/음/기/개] 명사는 각각의 형태가 사건 명사와 사람·사물 명사 의미를 가진다.[179] 또한 위 (15), (16), (17)의 예를 통해 볼 때 [N-V-음/

---

177) 이러한 [N-[V-이/음/기/개]] 구성에 사이시옷이 개재되지 않는 현상에 대하여 이재인(1995: 61)에서는 관형 구성을 이루지 못하기 때문(김창섭(1996: 120-122))이 아니라 후행 성분이 서술적으로 쓰인 관형 구성의 특이형이기 때문이라고 한다. 곧 후행 성분 [V-이/음/기/개]는 대부분 사건 명사나 상태 명사로서 서술성을 띤다. 그래서 연재훈(1986)에서는 [V-이/음/기/개]를 '동사성명사(verbal noun)'라 하였다.

178) '가슴?바대'(윗옷의 앞가슴 부분에 안으로 덧대어 목이나 가슴을 가리는 천)를 〈표준〉 사전에서는 사이시옷이 개재되지 않은 '가슴ø바대'로 등재했는데, 이 경우의 의미 관계는 〈유형, 대상〉이라 할 수 있다. 그러나 같은 유형의 '등?바대, 어깨?바대'를 '등ㅅ바대, 어깨ㅅ바대'로 등재하였으므로 '가슴?바대'도 '가슴ㅅ바대'로 고쳐야 할 것이다.

179) '이슬받이'는 '①이슬이 내리는 무렵 ②양쪽에 이슬 맺힌 풀이 우거진 좁은 길 ③길

기], [[V-음/기]+N/Suf]에서의 [V-음/기] 실재·잠재 명사와 [V-음/기] 실재 명사는 일반적으로 사건 명사인데, '책받침, 책상물림, 관디벗김, 술적심', '본보기, 공이치기, 쓰레받기, 장내기, 부넘기, 무넘기, 말재기, 목매기, 개미핥기'의 경우는 사람·사물 명사로만 쓰이고, '보리누름'은 위치 명사로 쓰인 경우이다.[180] 이렇게 여러 구성에서 보이는 [V-이/음/기/개] 명사와 [N-V-이/음/기/개] 명사가 실체성과 비실체성의 다양한 명사 의미를 가지고 쓰인다는 것은 [N-V-이/음/기/개] 명사를 선행 성분 [N]과 후행 성분 [V-이/음/기/개]의 합성 과정에서 만들어진 것이라고 파악할 수 있는 충분한 근거가 된다(연재훈(1986, 2001), 이재인(1993)).[181]

이상의 근거를 통해 [N-V-이/음/기/개] 명사를 합성명사로 해석한다면 [[N-V]-이/음/기/개]] 구조에서 자립성을 얻어 다른 합성명사나 파

을 걸을 때 이슬에 젖지 아니하도록 허리 밑으로 두르는 도롱이 ④이슬이 내린 길을 갈 때에 맨 앞에 서서 가는 사람 ⑤차일 따위를 쳐서 내리는 이슬을 막는 일'(이상 〈표준〉 사전의 뜻풀이) 등의 의미로 사람(④), 사물(②, ③), 사건(⑤), 위치(①) 명사의 기능을 한다. 한편 '손씻이, 입씻이'와 '책씻이, 호미씻이'는 전자가 사건 명사와 사물 명사인 데 반해 후자는 사건 명사로만 쓰인다.

180) [V-음/기] 명사가 '짐, 찜, 튀김, 무침, 볶음, 지짐, 조림, 그림, 그을음, 묶음, 얼음, 고름, 주름, 미끄럼', '돋보기, 맞보기, 덮치기'처럼 사물 명사로만 기능하는 경우가 있으며 사람 명사인 '안잠자기, 얼프기'도 발견된다. 한편 '쓰개치마'와 '쓰개'의 경우 각각의 '쓰개'가 사건 명사와 사물 명사로 기능한다.

181) 이와 관련하여 '-음/-기'의 의미를 어떻게 보느냐, '-음/-기'의 의미파생을 어떻게 처리하느냐의 본질적인 문제에 접근하자면, 이러한 사실은 [(N)-V-음/기] 구성을 반드시 파생명사로 파악하지 않아도 동일한 결과를 낳는다. 물론 공시적으로 '-음/기'는 파생 접미사뿐만 아니라 명사형어미로도 기능한다. 그러나 모든 '-음/-기'를 명사형어미로 보고 위 구성들을 어휘화(Lexicalization), 우리의 용어로 어사화의 결과로 파악하거나, 또 그 결과로서 본래 비실체성의 의미를 지닌 명사형어미 '-음/-기'가 실체성의 의미를 새로 획득했다고 하는 것은 일방향성을 전제해야 한다. 이는 비실체성의 의미를 전혀 갖지 않고 실체성의 의미만을 갖는 위 여러 예들을 보더라도 문제가 있음이 드러난다. 한편, 이재인(1993)에서는 [N-V-이/음/기/개] 구성이 한자어 '成就(세운 바를 이루어 감), 形成(어떤 모양을 이룸), 造成(만듦을 이룸)'과 같은 구성 방식의 예라고 하면서, '고기잡이'의 경우 '漁業'과 '漁撈'의 의미는 '고기'와 '잡이'의 결합 과정에서 얻어진 의미라고 하여 우리와 같이 합성명사로 파악하고 있다.

생명사의 한 부분을 차지하는 V]-이/음/기/개]를 설명하기 위해 재분석,
재구조화라는 예외적이고 비규준적인 기제를 상정하지 않아도 된다.

4.3.3 [명사(N1)+명사(N2)] 합성명사와 [N-V-이/음/기/개] 합성명사의 통합적 설명

앞에서 우리는 몇 가지 근거를 들어 [N-V-이/음/기/개] 명사를 합성
명사로 분석하였다. 이로써 [명사(N1)+명사(N2)] 구성, 곧 일반적인 합
성명사와 통합적으로 설명할 수 있는 길이 열리게 된다. 우리는 4.2.3에
서 '신ㅅ장, 술ㅅ잔, 담배ㅅ가게, 벼루ㅅ돌, 맥주ㅅ집, 안경ㅅ집, 기름ㅅ
배, 쌀ㅅ가마, 물ㅅ병, 약ㅅ병, 술ㅅ독, 성냥ㅅ갑, 디딤ㅅ돌'과 같이 선·
후행 명사가 〈용도〉의 의미 관계인 경우는 〈유형, 대상〉의 의미 관계와
달리 필연적으로 사이시옷이 개재되는데 '과일ø바구니 : 과일ㅅ바구니,
사과ø상자 : 사과ㅅ상자, 빨래ø집게 : 빨래ㅅ집게, 버선ø장 : 버선ㅅ장,
기름ø걸레 : 기름ㅅ걸레, 모ø자리 : 모ㅅ자리, 마루ø방 : 마루ㅅ방, 말
ø굽 : 말ㅅ굽, 말ø솔 : 말ㅅ솔'과 '씨ø닭 : 사냥ㅅ개, 노래ø방 : 공부ㅅ
방, 화장ø비누 : 세수ㅅ비누, 구두ø약 : 구두ㅅ솔, 짐ø수레 : 짐ㅅ배, 고
기ø배 : 고기ㅅ배, 꿈ø자리/별ø자리 : 잠ㅅ자리, 개ø구멍/쥐ø구멍 :
단추ㅅ구멍'의 예들처럼 그 두 의미 관계의 인식 방법에 따라 사이시옷
개재가 달리 적용됨을 확인하였다. 이는 '목적, 방향, 내용물'을 포괄하
는 개념인 〈용도〉와 〈유형, 대상〉의 의미 관계가 쉽게 구별될 수 있는 성
질의 것이 아님을 의미한다. 일례로 〈용도〉 의미 관계인 '술ㅅ집, 쌀ㅅ가
게'와 〈유형, 대상〉의 의미 관계인 '술ø장사, 쌀ø장수'는 동일하게
선·후행 명사 사이에 '종사하는 대상 관계'가 성립한다(정동환(1993: 36)).
그러나 이러한 '대상 관계'는 '쌀ø장수'의 경우 '쌀'과 '장수' 사이에서

성립하는 것이 아니라 '장수'의 '파는 사람' 의미 중 '팔다'와 '쌀' 사이에서 성립하는 것으로(황화상(2001: 121)), '쌀ㅅ가게'도 '쌀'과 '가게'의 '파는 곳' 의미 중 '팔다'와 '쌀' 사이에서 성립하는 '대상 관계'로 파악된다.[182) 또한 '과일∅바구니 : 과일ㅅ바구니, 사과∅상자 : 사과ㅅ상자'의 경우는 '바구니, 상자'가 '무엇을 담는 기구'로서 '과일, 사과'가 일종의 '내용물' 또는 '대상'으로 기능하여 '바구니, 상자'의 의미 중 '담다'의 의미와 서로 호응하는 것이다.

이와 관련하여 '버스운전사, 국어형태론' 등과 같이 괄호매김 역설(bracketing paradox)을 보이는 예들도 살펴볼 필요가 있다.[183) 괄호매김 역설은 형태 구조와 의미 구조가 불일치를 보이는 현상으로 각각 형태론적 이유로 '[버스[운전사]], [국어[형태론]]'으로 괄호매김 되고 의미론적 이유로 '[[버스운전]사], [[국어형태]론]'으로 괄호매김 되어 그 구조 분석에 있어 차이가 나는 경우를 이른다. 그러나 이러한 괄호매김 역설의 사례들은 앞의 예 '술집, 쌀가게, 술장사, 쌀장수'와 '버스기사, 택시기사'를 고려한다면 결국 형태 구조를 우선시하여 구조를 분석하는 것이 설득력이 있다고 할 수 있다.[184)

이러한 접근은 선·후행 성분의 의미 관계가 〈유형, 대상〉인 '고기잡이, 해돋이, 끝맺음, 땅울림, 줄넘기, 피돌기, 이쑤시개', '셋방살이, 감옥살이, 하루살이, 피난살이, 종살이, 타향살이', '귀걸이, 목걸이, 코걸이, 팔걸이, 턱걸이', '가을갈이, 그물닿기, 구석차기'와 〈수단, 방법〉인

---

182) 황화상(2001)에서는 합성명사와 파생명사를 포함하는 복합명사 구성을 형태 구조와 의미 구조의 대칭·비대칭 관계로 설명하고 있다.

183) 졸고(1995: 71-76), 황화상(2001: 139-148) 참조. 복합명사인지 명사구인지 확신할 수 없는 '건설 인력난, 건축 자재난, 업무 추진비, 사전 예고제, 투수 예고제, 출세 지향주의, 후생 복지책' 등의 예들도 괄호매김 역설을 보인다.

184) 결국 '[버스[운전사]], [국어[형태론]]'으로 구조 분석을 하는데, 이들의 선·후행 명사의 의미 관계는 〈유형, 대상〉이다.

‘손잡이, 소금구이, 전기구이, 지게벌이, 집들이, 개구멍받이, 눈싸움, 말다툼, 주먹다짐, 보쌈, 억지웃음, 가로쓰기, 앞차기, 외발뛰기’ 등 모든 [N-[V-이/음/기/개]] 합성명사에서도 동일하게 적용할 수 있다.(자세한 논의는 생략한다.) 즉 [N-[V-이/음/기/개]] 합성명사는 [명사(N1)＋명사(N2)] 합성명사와 동일선상에서 통합적으로 기술·설명할 수 있는 대상인 것이다.

제 5 장 결 론

이 책의 목적은 사전의 구성 단위를 설정하고, 사전의 구성 단위의 하나인 명사와 그 결합 형태인 명사구와 합성명사의 구조와 의미를 종합적으로 고찰하려는 데 있었다. 이에 우선 통사부의 최소 단위가 사전과 형태부의 최대 단위임을 전제해야만 통사론과의 연계가 매끄럽고 그 전제 하에서 형태론을 논의하는 것이 전체 문법 모델을 세련되게 구성할 수 있다고 하였다. 또한 공시적 어형성 연구의 본령은 가능어, 잠재어의 형성 원리를 찾는 데에 있으며 실재어 가능 여부, 곧 사전(Lexicon이든 Dictionary이든)에 등재되느냐 마느냐는 것은 언어 외적인 문제로 언어학적 측면에서는 중요하지 않다고 보았다. 이는 새로운 어휘가 어떠한 새로운 대상이나 개념에 의해 필연적으로 요구된다고 할 때, 그 어휘의 형성 원리를 밝힌다는 것은 본질적으로 실재어뿐만 아니라 가능어, 잠재어에도 집중하여 논의하는 연구라 할 수 있기 때문이며, 가능어·잠재어도 실재어와 마찬가지로 제약된 인간의 어형성 질서를 따를 것이기 때문이다. 논의된 내용을 개괄적으로 정리하면 다음과 같다.

2장에서는 통사부의 최소 단위가 사전과 형태부의 최대 단위라는 기본적인 전제하에 우선 사전의 구성 단위를 설정하여 기존의 논의에서 주장되어 온 사전 단위와의 차이를 고찰하였다. 그리고 형태소 및 단어의 핵심 요소로 인정되어 온 어근, 어간과 기존의 논의에서 설정한 잠재어, 가능어, 단어형성 전용 요소 등의 개념을 어사 범주라는 사전의 구성 단위로 포괄하여 설명할 수 있는 방법을 모색하였다. 또한 공시적이든 통시적이든 사전 구성 단위 간에 보이는 통사 범주의 층위 변화를 포착하여 설명해 보았고, 마지막으로 작금에 활발히 논의되는 어형성 기제로서의 규칙과 유추를 살펴보았다.

2.2에서는 우선 사전의 구성 단위로 형태·통사 단위인 '어사(X^0)', 형태 단위인 '접사(X^{-1})' 그리고 통사 단위인 '어사(소)구(X^1/X^2)'를 설정하였다. 그리고 어사 범주가 형태·통사 단위로 사전·형태부의 최대 단위이며 통사부의 최소 단위라고 하였다. 이는 어사 범주가 형태 단위이면서 통사 단위인 이중적인 성격을 가지고 있음을 말한다. 이러한 가정에 기초하여 형태소는 사전의 구성 단위(item)로서가 아닌 그 구성 단위의 구성원(constituent), 곧 분석의 대상 그 이상도 그 이하도 아닌 이론적인 개념에 불과한 것으로, 그 정의 및 분석 기준의 논의가 어형성 연구에 큰 지위를 차지한다고 할 수 없다고 보았다. 또한 어근이 자립성을 획득하여 복합어 구성이 아닌 구 구성에 참여하기도 하고 본래 어간인 것이 복합어에서는 어근이 된다는 것은 어근이 어간이 될 수 있고 어간이 어근이 될 수 있다는 것으로, 사전의 최대 단위가 통사부의 최소 단위로서 통사부와 연계하여 기능한다고 할 때 통사부에서의 자립성 유무, 교착접사와의 결합 유무 등의 기준으로 나눈 어근과 어간은 각각 형태 단위와 통사 단위에 집중한 개념으로 형태·통사 단위인 어사 범주의 서로 다른 모습일 뿐이라 해석하였다. 결국 어근, 어간은 통사 어휘 범주 X^0라 할 수 있다.

한편 많은 논의들에서 '새김질, 닦이질, 털이개, 갈림길, 걸이등, 깎기끌, 걸개그림'의 '새김, 닦이, 털이, 갈림, 걸이, 깎기, 걸개'(파생명사)나 '젖먹이'의 '젖먹-'(합성동사) 또는 '먹이'(파생명사)를, 독립적으로 나타나지 못하나 더 큰 복합어의 내부에만 나타난다고 하여 실재어가 아닌 잠재 어로 보았는데, 잠재어는 통사부에서 자립적으로 쓰이는 실재 명사 '먹이, 놀이, 풀이, 구이', '보기, 읽기, 달리기, 뽑기, 내기', '싸움, 얼음, 걸음, 볶음, 나눔, 찜, 무침', '덮개, 지우개, 베개, 거르개, 누르개' 등과 동일한 형태론적 구성을 이루면서 서로 유기적인 관련성을 가지며, '가림판, 다짐글, 씻김굿, 차림표, 디딤돌, 알림판, 어림수, 속임수, 깎기끌, 갈이칼' 등과 같이 잠재어로 판단되는 선행 성분에 통사적으로 자립적인 명사와 마찬가지로 사이시옷이 개재될 수도 있다. 또한 어형성 규칙의 출력형이 왜 어느 것은 실재어가 되고 어느 것은 잠재어가 되는지, 잠재어와 실재어의 관계는 무엇이며 어형성 규칙의 실체는 무엇인지, 그리고 잠재어라고 설정한 단어들이 제약적으로나마 통사부에서 사용되고 있는 부분은 어떻게 설명될 수 있는지 등에 대한 명확한 답을 마련하지 못한 이상 잠재어는 형태·통사 단위로서 어사(X^0) 범주에 들어간다고 해도 큰 문제는 없다고 보았다. 이와 더불어 존재하지 않지만 가능한 어휘인 가능어 또는 화자가 일시적으로 만들어 낸 신어인 임시어를 실재어와 대비해서 다룬 것에 대하여서는, 가능어·임시어 또한 사전에 있는 실재어와 마찬가지로 환유를 포함한 의미 전이 과정이 있으며 일정한 의미 관계를 가지고 있으므로 특별한 의미를 부여하여 논의할 이유가 없다고 보았다.

결국 국어의 어형성 과정 및 제약을 탐구하는 것이 어형성 연구의 본질이라고 한다면 어떠한 어휘의 자립성 유무, 사회적 승인이나 사전의 등재·등록 여부는 그 정도의 차이를 가져 언어학적으로 접근하여 설명할 수 있는 영역이 아니라고 할 수 있다.

또한 김창섭(1996)에서 어떠한 어휘가 독자적인 의미와 용법을 가지고 합성어의 한 구성 성분으로서 어형성 과정에만 참여하는 요소를 '단어형성 전용 요소'라고 규정한 것에 대하여서는, 어사가 형태·통사 단위로서 기능한다기보다 형태 단위로서의 기능이 극대화된 경우로 어근, 잠재어와 마찬가지로 어사의 또 다른 모습에 따른 명명이라고 이해하였다.

한편 기존의 어휘화(또는 구의 단어화)와 문법화에 대한 논의가 결국 우리의 관점에서는 통사 범주의 층위 변화로 이해되어, 사전의 구성 단위인 어휘를 중심으로 형성적 관점이 아닌 분석적 관점에서 통사 단위인 구와 형태 단위인 파생접사가 형태·통사 단위인 어사로 그 기능을 달리하는 경우와 형태·통사 단위인 어사가 형태 단위인 접사로 기능이 바뀐 경우를 통사 범주의 층위 변화로 설명하고자 하였다. 즉 어사(소)구와 같은 구 구성이 어사로 층위 변화를 하는 경우도 있고 파생접사가 어사로 층위 변화를 하는 경우도 있으며, 또한 어사나 교착접사가 파생접사로 층위 변화를 하는 경우도 있는데, 우리는 전자를 어사화(Lexicalization)라고 하였고 후자를 파생접사화(Affixalization)라고 하였다. 즉 어사화는 X^1의 X^0화와 X^{-1}의 X^0화이며, 파생접사화는 X^0의 X^{-1}화이다.

2.3에서는 사전과 더불어 사전과 상호의존적인 관계에 있는 독자적인 문법 부문으로, 사전에 있는 어사와 어사, 어사와 파생접사의 결합으로 새로운 어사를 형성하는 합성어 형성 규칙과 파생어 형성 규칙 같은 어형성 규칙으로 조직된 형태부 곧 어형성부를 가정하였다. 어형성 규칙은 새로운 어휘를 만드는 기능뿐만 아니라 이미 만들어진 어휘의 구조를 분석·설명하는 기능도 함께 가지며, 어형성 규칙에는 음운·형태·통사·의미론적 제약이나 저지 같은 입·출력 제약과 그 구성 성분 사이의 가능한 의미 관계가 포함된다.

그런데 어형성은 이러한 규칙에 의해서만 이루어지는 것이 아니라 비규칙적인 방법인 유추에 의해서도 가능한데, 이러한 불규칙적이고 개별적인 어형성 기제인 유추적 방법을 확대 적용하여 어형성 규칙의 대안으로 삼으려는 최근 논의 중에서 우리는 채현식(2000)을 중심으로 살펴보았다. 채현식(2000)에서는 유추에 의한 어형성을 불규칙하고 고립적인 유추와 개별적 단어에 의한 유추 그리고 유추의 틀에 의한 유추로 나누어 고찰하는데, 전자 둘은 규칙을 기반으로 한 논의에서도 유추로 파악하고 있고 세 번째 주장한, 기존의 단어를 통해서 임시적으로 만든 유추의 틀은 개별적인 규칙과 크게 다르지 않다고 보았다. 또한 유추의 틀을 제공하는 어휘들의 형성 절차와, 전혀 경험하지 못한 새로운 어휘를 만들어낼 수 있는 인간의 선천적·원초적·선험적인 능력과 기존의 어휘를 분석·이해·해석하여 새로운 어휘를 만든다는 인간의 후천적·귀납적·경험적 능력을 모두 고려한다면 유추의 틀은 결국 어형성 규칙의 일면에 해당한다고 하였다. 그리고 어형성 규칙이 통사 규칙보다는 공시적인 규칙성이 떨어지지만 어형성 과정에 있어서 어느 정도의 규칙성도 분명 존재하므로 어형성 규칙을 '규칙'으로 상정했던 생성 형태론의 기본 가정이 잘못된 것은 아니라고 하여 결국 우리는 어형성 규칙을 인정하는 입장을 취하였다.

3장에서는 사전 단위 중 명사 어사에 집중하여 우선 명사의 어휘 내항이 명사의 내적 정보 체계와 외적 정보 체계를 포괄하는 총체적인 어휘 정보 체계라는 전제하에 국어 명사의 의미 특성을 밝히고, 상보적 대립을 통해 체계적으로 국어 명사를 의미 분류하여 유형화하였다. 이는 3.3에서 다룬 명사구의 구성 성분 사이의 의미 관계나 4장에서 다룬 합성명사의 구성 성분 사이의 의미 관계를 파악하는 데 있어서 중요한 의미론적 역할을 한다고 보았기 때문이다.

일반적으로 명사는 의미적으로 세계의 사물을 지시하면서 통사적으로 동사와 함께 구를 이루어 문장의 구성 성분이 된다. 그런데 구로 기능하는 명사의 통사적인 특성은 그 명사의 의미 특성에 기인하는 것이므로 명사의 의미 특성이 명사 특성의 본질이라 할 수 있다. 우리는 명사의 의미 특성을 그 지시대상(사물)의 내포적인 의미 곧 그 대상이 지니고 있는 속성을 통칭적으로 지시하는 것이라고 파악하였다. 즉 명사는 '속성의 다발'을 지시하거나 어떤 속성을 부여받은 '사물의 종류'를 지시하는 것이라 할 수 있다. 이에 속성이란 명사가 지시하는 대상의 현상적 성질로서 명사의 의미 구조를 이루는 필연적인 요소이며, 그 속성의 일부가 부각되어 가능한 언어 형태(구, 문장 또는 합성명사)를 형성한다고 보았다. 결국 명사 N^0는 형태 단위로서 어형성에 참여하여 내포적인 의미만을 나타낼 수도 있으며, 통사 단위로서 통사부에서 종단 절점의 어휘 삽입 요소로도 기능하여 외연적인 의미를 나타내거나 더 이상 다른 요소에 의해 투사되지 않고도 명사구로 기능하여 내포적인 의미를 나타낼 수도 있다. 이는 내포적 의미 곧 그 지시대상이 지니고 있는 속성을 통칭적으로 지시하는 명사의 의미 특성에서 기인한다.

한편 같은 종류의 모든 대상(개체)에 두루 쓰여 각 개별적인 대상들이 이룬 집합을 개념화한 것으로 개별적인 대상을 지칭하지 않고 집합체, 곧 불특정 다수를 지칭하는 보통명사와 달리, 고유명사는 특정한 단일 대상(개체)에 대한 명칭(name)의 성격을 지닌 것으로 그 대상만을 특칭하여 직접 지시한다고 할 수 있다. 즉 지시성을 기준으로 분류할 때, 고유명사는 지시대상에 대한 외연적 지시를 나타내는 '외연 지시'와 관련을 맺고, 보통명사는 지시대상의 속성이 명사 속에 투영된 '속성 지시' 곧 '내포 지시'와 관련된다고 할 수 있다. 그러므로 명사의 본질적인 의미 특성인 지시대상의 속성 지시, 내포 지시, 부류 지시는 보통명사에 한한 것으로 고유명사는 이러한 특성과 무관한 것이라고 보았다.

명사를 의미 분류하는 데 있어서 우리는 먼저 [실체성]에 의해 실체 명사와 비실체 명사로 대별하였다. 실체 명사는 [유정성]에 의해 유정 명사와 무정 명사로 구분하고, 다시 유정 명사는 [인간성]에 의해 사람 명사와 동물 명사로, 무정 명사는 [유기성]에 의해 식물 명사와 무생물 명사로 하위 분류한다. 이때 실체 명사를 [유기성]에 의해 사람·동물·식물 즉 생물 명사와 무생물 명사로 다시 분류할 수도 있으나, 인간은 세계에 대해 주체와 객체의 이원적 인식 체계를 가지고 인식하고 그 인식 과정을 언어에 반영하므로 실체 명사를 [인간성]에 의해 사람 명사와 동물·식물·무생물 즉 사물 명사로 재분류하였다. 비실체 명사는 [추상적 실체성]에 의해 사태 명사와 추상 명사로 구분하고 다시 사태 명사는 [동작성]에 의해 사건 명사와 상태 명사로, 추상 명사는 [시·공간과의 관련성]에 의해 추상물 명사와 위치 명사로 하위 분류하였다. [추상적 실체성]에 의한 사태 명사와 추상 명사의 분류는, 추상 명사가 추상적 존재를 나타내지만 사태 명사와 달리 실체 명사의 사물 명사처럼 인식됨을 반영한 것이다. [시·공간과의 관련성]에 의한 추상 명사 분류는, 추상물 명사가 시간과 공간의 밖에 있는 존재를 나타내는 데 반해 위치 명사는 시·공간과 직접 관련된다는 점을 근거로 한 것이다. 결국 국어 명사는 '사람, 사물, 사건, 상태, 추상물, 위치' 명사로 의미 분류된다.

한편 3.3에서는 명사구의 내부 구조를 살펴 그 구성 성분 간에 나타나는 가능한 의미 관계를 설정하고, 그 명사구의 구조와 의미 관계가 관형격 조사 '의'의 실현 여부에 따라 결정됨을 주장하였다. 즉 명사구 연결 구성 중 그 구성 성분이 명사나 명사구로 이루어진 관형격 구성과 동격 구성인 관형 구성을 주된 논의의 대상으로 삼아, 우선 그 관형격 구성과 동격 구성의 구조를 상정하여 '의'의 실현 여부에 따라 그 구조를 다르게 설정할 수 있음을 보였고, 다음으로 그 구조를 통해 구성 성분 간의 의미 관계를 파악할 수 있음을 보였다.

우선 명사구 '적의 그 도시(의) 파괴', '철수의 늙은 아버지(의) 사진'의 경우, '적' 같은 의미상의 주어와 '철수'와 같은 소유주는 동일한 분포를 보이므로 지정어라고 할 수 있다. 이때 '적'과 '철수'는 각각 '파괴'와 '사진'에 대해 행위자의 의미역 논항으로 기능하거나 소유주로 기능하면서 필연적으로 관형격 조사 '의'가 실현되어 있다. 그리고 '그 도시'는 '파괴'의 대상 의미역 논항으로, '늙은 아버지'는 사진에 찍힌 인물로 '사진'의 대상이자 유형으로 각각 (수의적으로 나타나지 않을 수도 있지만 나타난다면 필연적으로) 핵 성분인 후행 성분의 의미 구조에 의해 요구되는 성분인 보충어로 기능한다. 즉 명사구에서 보충어인 선행 성분은 핵인 후행 성분이 실체 명사이든 비실체 명사이든 그 의미 구조에 의해 필연적으로 나타나야 하거나 나타날 수 있는 성분으로 일반적으로 핵 명사의 대상이나 유형 또는 그 내용을 지시한다.

한편 명사구는 지정어와 보충어가 비대칭성을 보이고 '의'의 실현 여부에 있어서 차이를 보이며, '의'가 실현된 명사구와 실현되지 않은 명사구가 분명히 다른 통사적 현상을 드러냄을 확인하였다. 이로써 하나의 명사구 성분이 '의'의 실현 여부에 따라 지정어와 보충어라는 분명히 다른 구조적 지위를 가진다고 해석할 수 있는데, 본질적으로 후행 성분인 핵에 대하여 대상이나 유형 곧 내용을 지시하는 선행 성분은 '의'가 실현되지 않은 상태에서 보충어 위치에 나타나고, '의'가 실현된 경우는 지정어에 위치하여 관형격을 받는 것이다. 또한 행위자와 소유주는 '의'가 필수적으로 나타나 지정어 자리에서 관형격을 받으므로 결국 지정어와 보충어 성분에 '의'가 나타나는 경우는 다중 지정어 구성을 이루는 것이다. 이에 우리는 '의'가 실현되지 않은 보충어 자리에서는 무표격이 실현된다고 보고 다음과 같은 관형격 부여 원리를 제안하였다.

   (1) 국어의 관형격 부여 원리
      가. [_N']의 환경에서 NP(명사구)에 관형격을 부여하라.
      나. [_N]의 환경에서 NP(명사구)에 무표격(unmarked Case) ϕ을 부여
         하라.

그런데 '의'가 나타나기도 하고 나타나지 않기도 하는 관형격 구성과 달리 동격 구성은 '의'가 필연적으로 나타나지 않는 구성이다. 이를 (1)을 통해 해석하면, 동격 구성과 '의'가 실현되지 않은 관형격 구성은 후행 성분과 선행 성분이 핵-보충어 관계에 있으면서 보충어 성분이 무표격을 부여받은 경우이고, '의'가 실현된 관형격 구성은 지정어 자리에서 유표격인 관형격을 부여받은 경우라고 할 수 있다. 그러나 그 예들을 볼 때 동격 구성은 '의'가 실현되지 않은 관형격 구성과 같은 구조를 가진 것으로 볼 수 없어, 우리는 잠정적으로 동격 구성을 구조적으로는 병렬 구성과 같아 'NP1＋NP2'이지만 의미적으로는 관형격 구성과 같이 NP1이 NP2를 수식하는 구성으로 파악하였다.

관형격 구성에서 그 구성 성분 간에 나타나는 의미 관계와 그 구조적 지위를 살펴본 결과, 선행 성분이 '의'가 실현되지 않은 경우는 선·후행 성분이 〈대상〉, 〈유형, 대상〉의 의미 관계를 가져 보충어 자리에 위치하고, '의'가 실현된 경우는 〈행위자〉, 〈수동자〉, 〈소유〉, 〈처소〉, 〈시간〉, 〈기원〉, 〈도달점〉의 의미 관계를 가져 지정어 자리에 위치한다는 것을 알 수 있었다. 이는 우리가 제안한 관형격 부여 원리에도 부합되고 구성 성분의 의미 관계에 의해 '의' 실현 여부가 결정됨을 구조적으로 설명할 수 있었다. 이로써 자세히 논하지는 않았지만 '의'가 실현된 선행 성분이 지정어 자리에 나타난다는 점에 집중하여 우리는 '의'의 의미 특성을 '초점화'라고 파악하였다.

4장에서는 앞에서 고찰한 국어 명사의 특성과 의미 분류 및 명사구의 구조, 그 구성 성분 간의 의미 관계를 기반으로 하여 합성명사의 구조와 구성 성분 간의 가능한 의미 관계를 설정하였다. 이로써 사이시옷이 개재된 합성명사를 포함한 합성명사의 구성 성분의 의미 관계가 명사구의 구성 성분의 의미 관계와 동일한 모습을 띠는 경우와 합성명사 고유의 의미 관계를 지닌 경우가 있음을 밝힐 수 있었다. 또한 이러한 의미 관계와 또 다른 여러 근거들을 들어 [N-V-이/음/기/개] 명사 구성을 합성명사로 보고자 하였다.

우선 국어의 합성명사는 선·후행 명사의 의미 관계가 〈유형, 대상〉이면 통사부 합성명사이고 〈형상〉, 〈재료〉, 〈수단, 방법〉이면 형태부 합성명사라 할 수 있는데, 통사부 합성명사가 통시적인 것이든 공시적인 것이든 일반적·규칙적인 현상이 아니라 개별적이며 예외적이라는 사실을 중시하여 사이시옷이 개재된 합성명사를 포함하여 합성명사를 종합적으로 이해할 필요가 있다고 보았다. 이에 우리는 다음과 같은 합성명사 형성 규칙을 제안하였다. (2가)는 두 구성 성분이 모두 변수인 일반적인 합성명사 규칙이고 (2나)는 하나의 구성 성분이 상수인 개별적인 합성명사 규칙이다. 모든 합성명사는 (2가)와 같은 일반적인 형성 구조 패턴에 따라 만들어진다. 그리고 (2나)와 같이 (2가)의 구조 패턴에 여러 음운·형태·통사·의미 제약과 의미 관계에 의해 개별적인 명사 어사가 핵에 고정되고 다른 명사 어사가 비핵의 위치에 들어가 새로운 어휘의 형성이라는 요구를 만족시키는 것이다.

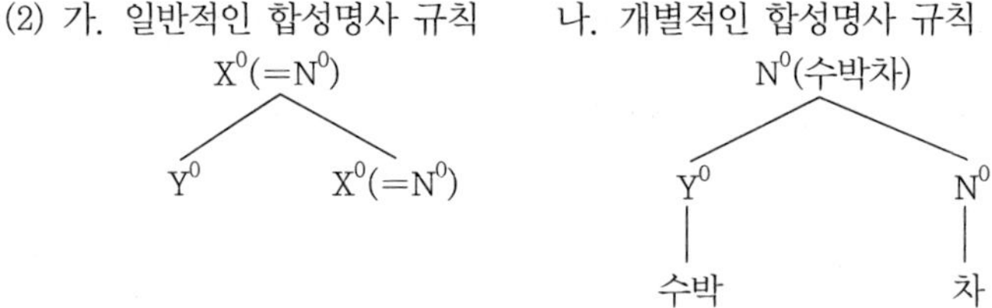

일반적으로 합성명사는 그 구성 성분의 의미 관계에 의해 생성된 의미를 예측할 수도 있지만 그 의미의 방향을 예측하기가 쉽지 않아 최종적으로 발화된 특정 맥락에 따라 그 해석이 달라질 수도 있다. 이에 우리는

어떠한 어휘에 대해 인간이 사전적 의미 곧 기본 의미만을 알고 그 어휘를 사용하여 일정한 의미 관계를 가진 합성명사를 만들뿐만 아니라 그 어휘의 전이·파생된 의미를 합성 과정에서 부각시켜 합성명사를 만들며, 후자의 경우에도 일정한 의미 관계를 가지고 있다고 보았다. 즉 인지적이고 심리적인 '유사성'의 은유와 '인접성'의 환유 작용이 합성 과정에 들어가 그 어휘의 일부 속성만이 부각되어 새로운 합성명사가 만들어진다고 하더라도 그 구성 성분이 특별한 의미 관계를 형성하는 것이 아니라 이러한 은유·환유 작용에 의해 그 의미 관계가 비유적으로 확장된 것이라고 본 것이다.

합성명사는 사이시옷이 개재되는 합성명사와 개재되지 않은 합성명사로 나뉘어지는데, 사이시옷이 개재되지 않는 합성명사는 선·후행 명사가 〈형상〉, 〈재료〉, 〈수단, 방법〉, 〈유형, 대상〉의 의미 관계를 나타내는 경우이고, 사이시옷이 개재되는 합성명사는 그 의미 관계가 〈시간〉, 〈처소〉, 〈기원, 소유〉, 〈용도〉를 나타내는 경우로 파악하였다. 그리고 〈기원, 소유〉, 〈처소〉, 〈시간〉의 의미 관계일 때 나타나는 사이시옷은 관형격 조사 '의'와 밀접하게 관련이 있는 사이시옷이지만, 〈용도〉의 의미 관계인 경우의 사이시옷은 '의'와 별개인 사이시옷이라고 하였다. 이에 〈용도〉의 의미 관계에 나타난 사이시옷은, 한편으로는 선행 성분이 보충어에 위치하여 무표격을 부여받아 이룬 구 구성이 어사화된 통사부 합성명사에서 일반적으로 발견되는 〈유형, 대상〉의 의미 관계와 일정한 관계를 맺고 있는 요소이면서, 또 한편으로는 그 〈용도〉의 의미 관계를 이루는 합성명사를 형성하기 위한 고유의 형태론적 표지라고 가정하였다.

그런데 합성명사의 많은 예들은 선·후행 명사의 의미 관계를 어떻게 인식하느냐에 따라 사이시옷 개재 여부가 달리 파악되기도 한다. 즉 방언에 따라 세대에 따라 또는 개인에 따라 동일한 합성명사에 대해 사이시옷의 개입이 달라지기도 하는데, 이는 그 의미 관계를 다르게 인식하였기 때문이다. 이에 합성명사의 구성 성분 간의 의미 관계에 집중하여 사이시옷의 개재 여부를 그 사례를 중심으로 살펴보았다. 일례로 후행 명사에 대하여 선행 명사가 하나의 유형이나 대상으로 기능하는 경우 '과일ø바구니, 사과ø상자, 빨래ø집게, 버선ø장, 기름ø걸레, 모ø자리, 마루ø방, 말ø굽, 말ø솔'처럼 사이시옷이 개재되지 않지만, 후행 명사에 대하여 선행 명사가 그 쓰임의 목적물로 기능하는 경우에는 '과일ㅅ바구니, 사과ㅅ상자, 빨래ㅅ집게, 버선ㅅ장, 기름ㅅ걸레, 모ㅅ자리, 마루ㅅ방, 말ㅅ굽, 말ㅅ솔'과 같이 사이시옷이 개재된다. 또한 '씨ø닭:사냥ㅅ개, 짐ø수레:짐ㅅ배'의 경우, 각각 '씨를 받기 위하여 기르는 닭', '사냥할 때 부리기 위하여 길들인 개'와 '짐을 싣는 수레', '짐을 실어 나르는 배'의 의미로 그 의미 차이를 발견하기 쉽지 않은데, 이들에 대해 그 의미 구조를 달리 파악한 결과 사이시옷 출현 여부가 다르게 나타난 것이라고 볼 수 있다. 이 외의 예들에 대한 설명은 4.2.3에서 자세히 이루어졌다.

4.3에서는 [N-V-이/음/기/개] 명사에 대하여 몇 가지 근거를 들어 [N-[V-이/음/기/개]] 구조, 곧 합성명사로 볼 수 있다고 주장하였다. 그 근거는 다음과 같다. 첫째, [V-이/음/기/개]는 독립성을 완전히 확보하면서 실체 명사와 비실체 명사로 기능할 뿐만 아니라 잠재 명사로서 합성과 파생 과정의 요소로 충분한 역할을 수행하기도 하므로 [V-이/음/기/개]는 실재 명사와 잠재 명사로서 동일한 형태론적인 구성을 이루면서 서로 유기적인 관련성을 가지고 있는 것이다. 둘째, [N-[V-이/음/기/개]] 구성에서 선행 성분과 후행 성분 사이의 의미 관계는 〈유형, 대상〉이거나 〈수단, 방법〉으로, [[N-V]-이/음/기/개] 구조를 주장하는 입장에서 내세운 '주어+자동사', '부사어+자동사', '목적어+타동사', '부사어+타동사' 등의 통사적 관계를 [N]과 [V-이/음/기/개] 사이에서도 포착할

수 있다. 또한 합성명사의 사이시옷 개재 여부가 그 구성 성분 간의 의미 관계에 의해 결정된다고 한 앞선 논의가 [N-[V-이/음/기/개]] 명사에도 적용되어 동일한 결과가 도출됨을 확인하였다. 즉 〈유형, 대상〉, 〈수단, 방법〉의 의미 관계는 본래 사이시옷이 개재할 수 없는 경우로 일반적인 합성명사의 사이시옷 개재 원칙에 부합된다. 셋째, 여러 예를 통해 알 수 있듯이 [V-이/음/기/개] 명사와 [N-V-이/음/기/개] 명사는 사건·상태·추상물·위치 명사뿐만 아니라 사람·사물 명사, 즉 실체 명사, 비실체 명사 모두 가능하다. 또한 '고기잡이, 턱걸이, 바람막이, 소몰이, 소금구이, 철판구이', '보쌈, 속가름, 후물림', '줄넘기, 양치기, 집짓기, 먼산바라기, 봄베기', '손뜨개'와 같이 일부 [N-V-이/음/기/개] 명사는 사건 명사와 사람·사물 명사 의미를 가지고, '책받침, 책상물림, 관디벗김, 술적심', '본보기, 공이치기, 쓰레받기, 장내기, 부넘기, 무넘기, 말재기, 목매기, 개미핥기'의 경우는 사람·사물 명사로만 쓰이며, '보리누름'은 위치 명사로 쓰인 경우이다. 이렇게 [V-이/음/기/개] 명사와 [N-V-이/음/기/개] 명사가 실체성과 비실체성의 다양한 명사 의미를 가지고 쓰이는 것은 [N-V-이/음/기/개] 명사를 선행 성분 [N]과 후행 성분 [V-이/음/기/개]의 합성 과정으로 만들어진 것이라고 파악할 수 있도록 한다고 보았다.

이상의 근거를 통해 [N-V-이/음/기/개] 명사를 합성명사로 분석한다면 [[N-V]-이/음/기/개] 구조에서 자립성을 얻어 다른 합성명사나 파생명사의 한 부분을 차지하는 V]-이/음/기/개를 설명하기 위해 재분석, 재구조화라는 예외적이고 비규준적인 기제를 상정하지 않아도 되는 것이다.

[N-V-이/음/기/개] 명사를 이와 같이 합성명사로 분석함으로써 앞서 논의한 다른 합성명사 구성과 통합적인 설명이 가능한데, 일례로 〈용도〉 의미 관계인 '술ㅅ집, 쌀ㅅ가게'나 〈유형, 대상〉의 의미 관계인 '술∅장

사, 쌀∅장수', 괄호매김 역설의 문제가 있는 '버스운전사, 국어형태론'류의 합성명사와 마찬가지로 [N-V-이/음/기/개] 명사는 결국 형태 구조를 우선시한 합성명사 [N-[V-이/음/기/개]] 구조로 분석하는 것이 설득력이 있다고 할 수 있다.

마지막으로 논의의 과정에서 해결하지 못하고 남겨둔 문제를 제시함으로써 다음 연구의 과제로 삼고자 한다. 먼저 2장에서는 사전의 구성 단위의 하나로 설정한 어사(소)구에 대한 고찰이 매우 부족하였다. 이는 관용구, 관용 표현의 다른 명명에 불과한 것으로 연어와 속담, 더 나아가 합성동사와의 면밀한 고찰이 선결되어야 할 문제이다. 또한 사전과 형태부(어형성부)의 관계에 대한 우리의 입장을 간단히 밝혔을 뿐 사전과 형태부 그리고 음운부와 의미부를 포괄할 수 있는 모델을 제시하지 못하였다. 그리고 언어 형태의 유동성에 집중하여 기존의 논의에서 다룬 어휘화와 문법화를 층위의 변화로 이해하여 그 일면을 간략히 살펴보았는데, 통사 범주 자체의 변화 측면까지 포함할 수 있는 언어 변화에 대한 설명이 필요할 것 같다.

3장에서는 명사의 어휘 내항이 명사의 내적 정보 체계와 외적 정보 체계를 포괄하는 총체적인 어휘 정보 체계라는 전제하에 국어 명사의 의미 특성을 밝히고, 의미 분류하여 유형화하면서 이 두 가지 측면이 명사의 연결 구성인 명사구와 합성명사의 구성 성분 사이의 의미 관계를 파악하는 데 있어서 중요한 의미론적 역할을 한다고 하였는데, 명확하게 형식화하지 못하여 가정에 머문 감이 있다. 또한 명사구의 구조와 의미를 논의하면서 최근 생성 문법의 흐름에 대한 필자의 이해 부족으로 이론 내적으로 무리한 가정을 설정한 것이 아닌지 두려움이 앞서기도 한다.

4장에서는 어휘의 사전적 의미뿐만 아니라 전이·파생된 의미를 가지고도 합성명사를 형성한다고 하면서 이는 그 구성 성분이 특별한 의미 관계를 형성하는 것이 아니라 은유·환유 작용에 의해 그 의미 관계가 비유적으로 확장된 것이라고 보았는데, 이에 대하여 많은 예를 통한 자세한 논의를 진행하지 못하였다. 그리고 [N-V-이/음/기/개] 명사를 합성명사로 분석하여 다른 합성명사 구성과 통합적으로 설명할 수 있다고 하였는데, 몇 개의 예를 고찰하는 데 그치고 본격적인 논의를 이끌어 내지 못해 아쉬움이 남는다.

강명윤(1992), 『한국어 통사론의 제문제』, 한신문화사.

강명윤(1996), "현대 언어학 이론에 기초한 국어 통사론 연구,"『서강어문』
　　12, 3-24.

강명윤(1999), "국어의 중목적격 구문에 대한 새로운 모색,"『한국어학』10,
　　67-90.

강명윤(2001), "DP와 국어의 명사구,"『한국어학』13, 15-51.

강범모(1999), "어휘 의미 정보와 구조의 표상-한국어 명사 의미를 중심으
　　로-,"『한국어 의미학』5, 83-118.

강보유(1997), "'N1+N2'형 합성명사에 대한 의미구조 분석,"『성재 이돈주
　　선생 화갑기념』, 663-677.

강보유(2000), 『15세기 한국어의 관형구조 연구』, 태학사.

강영세(1986), 『Korean Syntax and Universal Grammar』, 한신문화사.

강진식(1997), "합성어 형성과 의미,"『성재 이돈주 선생 화갑기념』, 679-
　　706.

고광주(2000가), "국어의 능격성 연구," 고려대 박사학위논문.

고광주(2000나), "'명사+동사+접사'형 파생명사의 형성과정,"『한국어학』
　　12, 67-88.

고석주·양정석 옮김(1999), 『의미구조론』, 한신문화사. [Jackendoff, R.(1990),
　　Semantic Structures, MIT Press.]

고영근(1987), 『표준 중세국어문법론』, 탑출판사.

고영근(1989), 『국어 형태론 연구』, 서울대 출판부.

고재설(1988), "국어의 합성동사에 대한 연구," 서강대 석사학위논문.

고재설(1992), "'구두닦이'형 합성명사에 대하여,"『서강어문』8, 17-46.

고재설(1993), "국어 단어 형성에서의 형태·통사 원리에 대한 연구," 서강

대 박사학위논문.

고창수(1992), "고대국어의 구조격 연구," 고려대 박사학위논문.

구본관(1990), "경주방언 피동형에 대한 연구,"『국어연구』100.

구본관(1998),『15세기 국어 파생법에 대한 연구』, 태학사.

구본관(1999), "파생접미사의 범위,"『형태론』1-1, 1-23.

국립국어연구원(1994),『신어의 조사 연구』, 국립국어연구원.

국립국어연구원(1995),『95년 신어』, 국립국어연구원.

국립국어연구원(1999),『표준 국어 대사전』, 두산동아.

국립국어연구원(2000),『2000년 신어』, 국립국어연구원.

국립국어연구원(2001),『2001년 신어』, 국립국어연구원.

김계곤(1969), "현대국어의 뒷가지 처리에 대한 관견,"『한글』144, 95-
    139.

김광해(1984), "{-의}의 의미,"『문법 연구』5.

김광해(1993),『국어 어휘론 개설』, 집문당.

김광해(1994), "한자 합성어,"『국어학』24, 467-484.

김광해·김동식(1993), 국어 사전에서의 합성어 처리에 관한 연구, 국립국어
    연구원.

김귀화(1994),『국어의 격 연구』, 한국문화사.

김규선(1970), "국어의 복합어에 대한 연구-구와 복합어 구분의 기준 설정
    을 위한-,"『어문학』23, 93-123.

김규철(1997), "한자어 단어 형성에 대하여,"『국어학』29, 261-308.

김기혁(1990), "관형 구성의 통어 현상과 의미 관계,"『한글』209, 59-97.

김기혁(1995),『국어 문법 연구-형태·통어론-』, 박이정.

김대복(2000), "국어의 구조격 점검 연구," 서강대 박사학위논문.

김동식(1994), "복합명사를 찾아서,"『국어학』24, 385-401.

김명광(1997), "국어 파생어의 형태론적 어휘화 연구," 연세대 석사학위논문.

김명희(1987), "{의}의 의미 기능,"『언어』12-2, 248-260.

김민수·고영근·임홍빈·이승재(1992),『국어 대사전』, 금성출판사.

김병일(2001),『국어 명사구의 내적 구조』, 세종출판사.

김봉모(1979), "매김말의 변형 연구,"『동아논총』16.

김성규(1987), "어휘소 설정과 음운 현상,"『국어연구』77.

김성환(2002), "국어의 명사 통합 구성 연구," 서강대 박사학위논문.

김승렬(1988),『국어 어순 연구』, 한신문화사.

김영석·이상억(1992),『현대 형태론』, 학연사.

김영희(1974), "한국어 조사류어의 연구-분포와 기능을 중신으로-,"『문법 연구』1, 271-311.

김용하(1990), "국어 명사구의 구조 연구," 계명대 석사학위논문.

김용하(1999),『한국어 격과 어순의 최소주의 문법』, 한국문화사.

김은혜(2001), "현대국어 합성명사류의 의미 연구," 서울대 석사학위논문.

김의수(2002), "단어 형성에서의 부문과 규칙," 제29회 전국 국어학회 학술 대회 발표 요지.

김인균(1995), "국어 파생어에 대한 형태·통사론적 연구,"『한국어 연구』32.

김인균(1999), "국어의 사전(LEXICON)과 형태부(MORPHOLOGY),"『서강 어문』15, 29-56.

김인균(2002가), "국어의 漢字語 接頭辭 연구,"『어문연구』114, 85-108.

김인균(2002나), "국어 명사의 의미 특성과 분류,"『시학과언어학』4, 268- 293.

김인균(2002다), "합성명사의 의미 관계와 사이시옷에 대하여,"『한국어의 미학』11, 119-137.

김인균(2002라), "국어의 명사 연결 구성 연구," 서강대 박사학위논문.

김인균(2003), "관형 명사구의 구조와 의미 관계,"『국어학』41, .

김인균(2004가), "[N-V-이/음/기/개] 구성의 합성명사 분석,"『형태론』 6-1, 89-107.

김인균(2004나), "사이시옷 교육론,"『어문연구』122, 437-460.

김일병(2000),『국어 합성어 연구』, 역락.

김정은(1995),『국어 단어형성법 연구』, 박이정.

김지홍(1995), "명사구의 확장과 그 논항구조에 대하여,"『배달말』20, 81- 177.

김지홍(2000), "촘스키 교수의 내재주의 언어관,"『배달말』27, 97-126.

김진해(2000),『연어연구』, 한국문화사.

김창섭(1983), "'줄넘기'와 '갈림길'형 합성명사에 대하여," 『국어학』 12, 73-99.

김창섭(1992), "국어 형태론 연구의 흐름과 과제," 『국어국문학 40년』, 집문당.

김창섭(1995), "국어 파생어의 통사론적 문제들," 『이기문 교수 정년퇴임기 념논총』, 156-181.

김창섭(1996), 『국어의 단어형성과 단어구조 연구』, 태학사.

김창섭(1998), 『국어 어휘 자료를 위한 단어와 구의 형태·통사론적 연구』, 국립국어연구원.

김철남(1997), 『우리말 어휘소 되기』, 한국문화사.

남기심(1985), "접속어미와 부사형어미," 『말』 19, 69-77.

남기심·고영근(1985), 『표준 국어문법론』, 탑출판사.

남윤진(2000), 『현대국어의 조사에 대한 계량언어학적 연구』, 태학사.

노명희(1998), "현대국어 한자어의 단어구조 연구," 서울대 박사학위논문.

류구상(1999), "구조문법과 국어 조사," 『국어의 격과 조사』, 49-81, 월인.

민현식(1982), "현대국어의 격에 대한 연구-무표격의 정립을 위하여-," 『국어연구』 49.

민현식(1984), "'-스럽다, -롭다' 접미사에 대하여," 『국어학』 13.

민현식(1990), "시간어와 공간어의 상관성(1)," 『국어학』 20.

박석문(1993), "부사화 접미사 '-게'의 설정, 『성균어문연구』 29, 75-98.

박승혁(1997), 『최소주의 문법론』, 한국문화사.

박용찬(1994), "근대국어 복합명사 연구," 『국어연구』 122.

박진호(1994), "통사적 결합 관계와 논항구조," 『국어연구』 123.

박진호(1999), "형태론의 제자리 찾기-인접 학문과의 관계를 중심으로," 『형태론』 1-2, 319-340.

박철우(1998), "한국어 정보구조에서의 화제와 초점," 서울대 박사학위논문.

서상규(2002), "한국어 정보 처리와 연어 정보," 『국어학』 39, 321-353.

서정목(1993), "한국어의 구절 구조와 엑스-바 이론," 『언어』 18-2.

서정목(1994), 『국어 통사 구조 연구 1』, 서강대 출판부.

서정목(1998), 『문법의 모형과 핵 계층 이론』, 태학사.

서정목·이광호·임홍빈 역(1990), 『변형문법』, 을유문화사. [Radford, A.

(1988), Transformational grammarCambridge Univ. Press.]

서정수(1969), “국어 의존명사의 변성문법적 분석,”『국어국문학』42 · 43
합병호.

서정수(1995),『국어 문법』(수정증보판), 한양대학교 출판원.

성광수(1972), “국어 관형격 구성,”『국어국문학』58-60, 217-35.(『격표현
과 조사의 의미』(1999)에 재수록)

성광수(1972), “불가양성 관형격에 대하여,”『어문학』27.(『격표현과 조사의
의미』(1999)에 재수록)

성광수(1975), “소위 불완전명사에 대한 몇 가지 검토,”『어문학』33.

성광수(1997), “국어 격중출 현상의 원인에 대한 재고,”『한국어문학논고』,
태학사.(『격표현과 조사의 의미』(1999)에 재수록)

성광수(1999),『격표현과 조사의 의미』, 월인.

성기철(1969), “명사의 형태론적 구조,”『국어교육』15, 1-18.

송기중(1992), “현대국어 한자어의 구조,”『한국어문』1, 한국정신문화연구원.

송원용(1998), “활용형의 단어형성 참여 방식에 대한 연구,”『국어연구』153.

송원용(2000), “현대국어 임시어의 형태론,”『형태론』2-1, 1-16.

송원용(2001), “국어 어휘부와 단어 형성 체계에 대한 연구,” 서울대 박사학
위논문.

송철의(1992),『국어의 파생어 형성 연구』, 태학사.

송철의 외(1992),『국어 사전에서의 파생어 처리에 관한 연구』, 국립국어연구원.

시정곤(1992), “국어의 기능범주에 대하여,”『국어학 연구 백년사Ⅰ』, 일조각.

시정곤(1994), “국어의 단어형성 원리,” 고려대 박사학위논문.

시정곤(1999가), “‘X+음’의 정체는 무엇인가?,”『형태론』1-1, 133-141.

시정곤(1999나), “규칙은 과연 필요 없는가?”『형태론』1-2, 261-283.

시정곤(2000), “김창섭(1996) 다시 읽기,”『형태론』2-2, 365-381.

시정곤 외(2000),『논항구조란 무엇인가』, 월인.

신희삼(1995), “합성명사의 형성에 관하여,”『국어국문학』114, 79-104.

신희삼(2002), “합성법에 의한 다의어 형성의 원리,”『한국언어문화』48,
1-19.

심재기(1982),『국어 어휘론』, 집문당.

안병희(1966), “부정격의 정립을 위하여,”『동아문화』 6, 남기심 외 편(1975).

안병희(1968), “중세국어의 속격어미 ‘-ㅅ’에 대하여,”『이숭녕 박사 송수기념 논총』.

안상철(1990), “생성형태론의 발전과 현안문제,”『주시경학보』 5, 7-49.

안상철(1990),『형태론』, 민음사.

안주호(1997),『한국어 명사의 문법화 현상 연구』, 한국문화사.

안효경(1994), “현대국어 접두사 연구,”『국어연구』 117.

안희돈(1997), “영어의 명사구와 일치소,”『생성문법연구』 7-1, 49-66.

양동휘(1994),『문법론』. 한국문화사.

양동휘(1996),『최소이론의 전망』, 한국문화사.

양동휘 외(1998),『최소주의 이론』, 한신문화사.

연재훈(1986), “한국어 ‘동사성명사 합성어(Verbal Noun Compound)’의 조어법과 의미연구,” 서울대 언어학과 석사학위논문.

연재훈(2001), “이른바 ‘고기잡이’류 통합합성어의 단어형성에 대한 문제,”『형태론』 3-2, 333-343.

왕문용(1989), “명사 관형구성에 대한 고찰,”『주시경학보』 4, 139-157.

우형식(1996), “국어에서의 보충어 범위,”『배달말』 21, 29-46.

우형식(1998),『국어 동사 구문의 분석』, 태학사.

우형식(2001),『한국어 분류사의 범주화 기능 연구』, 박이정.

원대성(1985), “명사의 상적 특성에 대한 연구,”『국어연구』 65.

유동석(1995),『국어의 매개변인 문법』, 신구문화사.

유목상(1974), “통어론적 구성에 의한 어형성에 관한 연구,”『성곡논총』 5, 103-124.

윤종열(1992), “Functional Categories in Korean Clausal and Nominal Structures,”『생성문법연구』 2-2, 427-464.

윤종열(1999), “확대투사자질과 명사구 그리고 절,”『오늘의 문법, 우리를 어디로:이홍배 교수 회갑기념논총』, 463-479, 한신문화사.

이강훈(1976), “국어의 복합어 및 한자어 내부에서 일어나는 경음화 현상,”『논문집』(서울여대) 5, 37-58.

이경우(1990), “파생법,”『국어연구 어디까지 왔나』, 동아출판사.

이관규(1992), 『국어 대등구성 연구』, 서광학술자료사.

이관규(1999), "조사의 통사론적 연구,"『국어의 격과 조사』, 289-317, 월인.

이광호(1988), 『국어 격조사 '을/를'의 연구』, 탑출판사.

이광호(1993), "중세 국어의 '사이시옷' 문제와 그 해석 방안,"『국어사 자료
    와 국어학의 연구』, 211-237, 문학과지성사.

이기문(1972), 『國語史槪說』, 탑출판사.

이남순(1982), "단수와 복수,"『국어학』11, 117-141.

이남순(1988), 『국어의 부정격과 격표지 생략』, 탑출판사.

이남순(1998가), "격표지의 비실현과 생략,"『국어학』31, 339-360.

이남순(1998나), 『격과 격표지』, 월인.

이병규(1994), "한국어 동사 구문의 잠재 논항 실현에 대하여," 연세대 석사
    학위논문.

이병모(2001), "명사의 하위 분류에 대하여,"『한글』251, 167-201.

이석주(1989/1994), 『국어형태론』, 한샘.

이선웅(2001), "국어의 한자어 '관형명사'에 대하여,"『어학연구』37-1, 35-58.

이성범(1999), 『언어와 의미』, 태학사.

이숭녕(1961), 『국어 조어론고』, 을유문화사.

이승욱(1989), "중세어의 '-(으)ㅁ-', '-기-' 구성 동명사의 사적 특성,"
    『이정 정연찬 선생 회갑기념논총』, 773-800.

이익섭(1965), "국어 복합명사의 IC 분석",『국어국문학』30, 121-129.

이익섭(1968), "한자어 조어법의 유형,"『이숭녕 박사 송수기념논총』.

이익섭(1975/1883), "국어 조어론의 몇 문제,"『형태』, 25-43, 태학사.

이익섭·임홍빈(1983), 『국어 문법론』, 학연사.

이익섭·채 완(1999), 『국어 문법론 강의』, 학연사.

이재인(1989), "'-이' 명사의 형태론,"『이정 정연찬 선생 회갑기념논총』,
    820-835.

이재인(1991가), "파생접미사의 기술을 위한 한 방안,"『석정 이승욱 선생
    회갑기념 논총』, 295-314.

이재인(1991나), "국어 복합명사 구성의 이해,"『국어학의 새로운 인식과 전
    개』, 612-628, 민음사.

이재인(1993), "국어 파생접미사에 대한 연구," 서강대 박사학위논문.

이재인(1995), "국어의 잠재어에 대한 고찰,"『배달말』 20, 51-80.

이재인(1996), "국어 합성명사 형성에서의 의미론적 제약 현상,"『배달말』 21, 75-93.

이재인(2000), "인명에 붙는 '-이'에 대하여,"『배달말』 27, 1-22.

이정민(1989), "(In)Definites, Case Markers, Classifiers and Quantifiers in Korean,"『Harvard WOKL Ⅲ』, 한신문화사.

이정민(1992), "(비)한정성/(불)특정성 대 화제/초점,"『국어학』 22.

이현우(1995), "현대 국어의 명사구의 구조 연구," 서울대 박사학위논문.

이호승(2001), "단어형성과정의 공시성과 통시성,"『형태론』 3-1, 113-119.

임동훈(1991가), "현대국어 형식명사 연구,"『국어연구』 103.

임동훈(1991나), "격조사는 핵인가,"『주시경학보』 8, 119-130, 탑출판사.

임지룡(1989),『국어 대립어의 의미 상관 체계』, 형설출판사.

임지룡(1991), "국어의 기초어휘에 대한 연구,"『국어교육연구』 23, 87-131.

임지룡 외 역(1993),『심리언어학』, 경북대학교 출판부. [Aitchison, j. (1987), Words in the Mind: an introduction to the Mental Lexicon, Basil Blackwell.]

임홍빈(1979), "복수성과 복수화,"『한국학논총』 1, 179-218.(『국어 문법의 심층 2』(1998)에 재수록)

임홍빈(1981가), "사이시옷 문제의 해결을 위하여,"『국어학』 10, 1-35.(『국어 문법의 심층 2』(1998)에 재수록)

임홍빈(1981나), "존재 전제와 속격 표지 {의},"『언어와 언어학』 7, 61-78.(『국어 문법의 심층 2』(1998)에 재수록)

임홍빈(1987), "국어의 명사구 확장 규칙에 대하여,"『국어학』 16, 379-430.(『국어 문법 의 심층 2』(1998)에 재수록)

임홍빈(1989), "통사적 파생에 대하여,"『어학연구』 25-1, 167-196.(『국어 문법의 심층 2』(1998)에 재수록)

임홍빈(1995), "결정사구 가설의 문제점,"『남학 이종철 선생 회갑기념논총: 한일어학논총』, 226-290, 국학자료원.(『국어 문법의 심층 2』(1998)에 재수록)

임홍빈(1997), "국어 굴절의 원리적 성격과 재구조화,"『관악어문연구』22, 93-163.

임홍빈(1999가), "국어의 여·대격 구성에 대하여,"『오늘의 문법, 우리를 어디로 : 이홍배 교수 회갑기념논총』, 577-623, 한신문화사.

임홍빈(1999나), "국어 명사구와 조사구의 통사 구조에 대하여,"『관악어문연구』24, 1-62.

임홍빈(2002), "한국어 연어의 개념과 그 통사·의미적 관계,"『국어학』39, 279-311.

임홍빈·장소원(1995),『국어 문법론』1, 한국방송통신대학.

임홍빈·한재영(1993),『국어 어휘의 분류 목록에 대한 연구』, 국립국어연구원.

전상범 역(1987),『생성형태론』, 한신문화사. [Scalise,S.(1984), Generative Morphology, dordrecht: Foris.]

전상범(1995),『형태론』, 한신문화사.

전철웅(1990), "사이시옷,"『국어연구 어디까지 왔나』, 동아출판사.

정동환(1993),『국어 복합어의 의미 연구』, 서광학술자료사.

정원수(1992),『국어의 단어형성론』, 한신문화사.

정유진(1995), "국어의 보어 연구," 고려대 석사학위논문.

정정덕(1982), "합성명사의 의미론적 연구-N1·N2 구조를 중심으로-,"『한글』175, 215-238.

정희정(2000),『한국어 명사 연구』, 한국문화사.

채 완(1984), "화제와 총칭성, 특정성, 한정성,"『목천 유창균 박사 환갑 기념 논문집』, 743-755.

채현식(1994), "국어 어휘부의 등재소에 관한 연구,"『국어연구』120.

채현식(1999), "조어론의 규칙과 표시,"『형태론』1-1, 25-42.

채현식(2000), "유추에 의한 복합명사 형성 연구," 서울대 박사학위논문.

채현식(2001), "한자어 연결 구성,"『형태론』3-2, 241-263.

최경봉(1995), "국어 명사 관형구성의 의미결합 관계에 대한 고찰,"『국어학』26, 33-58.

최경봉(1998),『국어 명사의 의미 연구』, 태학사.

최경봉(1999), "관형격 구성의 구조와 의미,"『국어의 격과 조사』, 743-

773, 월인.

최기용(1996), "의미역 배정과 관련된 명사의 성격에 대하여," 『생성문법연구』 6-1, 85-119.

최지훈(1998), "전의(轉義)합성명사의 인지의미론적 연구," 이화여대 석사학위논문.

최현배(1937/1975), 『우리말본』, 정음사.

최형용(2000), "단어 형성과 직접 구성 분석," 『국어학』 36, 161-190.

하치근(1989), 『국어 파생형태론』, 남명문화사.

하치근(1999), "'-음' 접사의 본질을 찾아서," 『형태론』 1-2, 359-369.

한글학회(1993), 『우리말 큰사전』, 어문각.

한동완(1995), "형태론," 『국어학 연감』, 52-71, 국립국어연구원.

한영균(2002), "어휘 기술을 위한 연어정보의 추출 및 활용과 관련된 몇 가지 문제," 『국어학』 39, 137-171.

허 웅(1966), "서기 15세기 국어를 대상으로 한 조어법의 서술 방법과 몇 가지 문제점," 『동아문화』 6.

허 웅(1975/1983), 『우리 옛말본』, 샘문화사.

허 웅(1995), 『20세기 우리말의 형태론』, 샘문화사.

허철구(1997), "국어 합성동사 형성과 어기분리," 서강대 박사학위논문.

허철구(1998), "조어법 '시키-'에 관한 몇 문제," 『서강어문』 14, 101-131.

홍재성(2001가), "한국어의 명사 I," 『새국어생활』 11-3, 129-144, 국립국어연구원.

홍재성(2001나), "한국어의 명사 II," 『새국어생활』 11-4, 119-131, 국립국어연구원.

홍재성·박만규·임준서(1995), "현대 한국어 동사 구문 사전 편찬을 위하여," 『말』 20, 81-127.

홍재성 외(1999), 『21세기 세종계획-전자사전 개발-연구보고서』, 문화관광부.

홍재성 외(2001), 『21세기 세종계획 전자사전 개발분과 최종보고서』, 문화관광부.

홍종선(1999), "구조문법과 국어 조사," 『생성문법과 국어의 격』, 83-112, 월인.

황화상(2001), 『국어 형태 단위의 의미와 단어 형성』, 월인.

Abney, S. P.(1987), The English noun phrase in its sentential aspect, Doctoral dissertation, MIT.

Anderson, S. R.(1982), Where's Morphology?, LI 13, 571-612.

Aronoff, M.(1976), Word Formation in Generative Grammar, The MIT press.

Baker, M.(1988), Incorporation: a Theory of Grammatical Function Changing, University of Chicago Press.

Bauer, L.(1983), English Word-formation, Cambridge University press.

Borer, H.(1984), The Projection Principle and Rules of Morphology, NELS 14.

Borer, H.(1988), On the Morphological Parallelism between Compounds and Constructs, Yearbook of Morphology 1.

Bybee, J. L.(1985), Morphology: A Study of the Relation between Meaning and Form, John Benjamins Publishing Company.

Bybee, J. L.(1988), Morphology as lexical organization, In Hammond & Noonan (eds), Theoretical Morphology, Academic Press.

Chomsky, N.(1981), Lecture on Government and Binding, Dordrecht: Foris.

Chomsky, N.(1986a), Barriers, Cambridge, Mass.: MIT Press.

Chomsky, N.(1986b), Knowledge of Language: Its Nature, Origin, and Use, New York: Praeger.

Chomsky, N.(1993), "A Minimalist Program for Linguistic Theory," in K. Hale & S. J. Keyser eds., The view from Building 20, Cambridge, Mass.: MIT Press.

Chomsky, N.(1994), "Bare Phrase Structure," in G. Webelhuth ed., Government and Binding Theory and the Minimalist Program, Cambridge, Mass.: Blackwell.

Chomsky, N.(1995), The Minimalist Program, Cambridge, Mass.: MIT Press.

Denny, Robert M. W.(1979), Semantic analysis of selected Japanese clasifiers for unit, Linguistics 17.

Di Sciullo, A. M./Williams, E.(1987), On the Definition of Word, MIT Press.

Enç, M.(1991), The semantics of specificity, LI 22, 1–25.

Fabb, N.(1984), Syntactic Affixation, Ph.D. dissertation, MIT.

Fabb, N.(1988), English suffixation is constrained only by selectional restrictions. NLLT 6, 527–539.

Haegeman, L.(1991), Introduction to Government and Binding Theory, Oxford: Blackwell.

Halle, M.(1973), Prolegomena to a theory of word-formation. LI 4, 3–16.

Hawkins, J. A.(1978), Definiteness and Indefiniteness, London: Croom Helm.

Higginbotham, J.(1985), On Semantics, LI 16, 547–593.

Higginbotham, J.(1987), "Indefiniteness and the Predication," in E. J. Reuland & A. G. B. ter Meulen eds., The Representation of (in)definiteness, Cambridge: MIT Press, 43–70.

Hoekstra, T. van der Hulst, H./M. Moortgat (eds) (1980), Lexical Grammar, Dordrecht: Foris.

Hornstein, N., S. Rosen, and J. Uriagereka(1994), "Integrals," University of Maryland working papers in linguistics 2, 70–90.

Hudson, W.(1989), "Functional categories and the saturation of noun phrase," NELS 19, 207–222.

Hudson, R.(1987), Zwicky on Head, Journal of Linguistics 23, 109–132.

Jackendoff, R. S.(1977), X' Syntax: A Study of Phrase Structure, Linguistic Inquiry Monographs 2. Cambridge, MA: MIT Press.

Jackendoff, R. S.(1987), The Status of Thematic Relations in Linguistic Theory, LI 18.

Keenan, E. L.(1987), "A semantic definition of "indefinite NP","in E. J. Reuland & A. G. B. ter Meulen eds., The Representation of (in)definiteness, Cambridge: MIT Press, 286-317.

Lieber, R.(1980), The Organization of the Lexicon. Ph.D. dissertation, MIT; Distributed by IULD 1981.

Lieber, R.(1984), Argument linking and compounding in English, LI 14, 251-286.

Lyons, J.(1968), Theoretical Linguistics, London: Cambrige Univ. Press.

Lyons, J.(1977), Semantics 1 · 2, London: Cambrige Univ. Press.

Nida, E.(1946/1978), Morphology: the Descriptive Analysis of Word (2nd edn.). Ann Arbor:University of Michigan Press.

Pesetsky, D.(1985), Morphology and logical form. LI 16, 193-246.

Quirk et al.(1972), A Grammar of Contemporary English, New York: Seminar Press.

Quirk et al.(1985), A Comprehensive Grammar of the English Language, Longman.

Ramstedt, G. J.(1939), A Koren Grammar, Helsinki.

Roeper, T./D. Siegel(1978), A Lexical transformation for verbal compounds. LI 9, 199-260.

Scalise, S.(1988), Inflection and derivation. Linguistics 26, 561-582.

Selkirk, E.(1982), The Syntax of Words, Cambridge, MA: MIT Press.

Siegel, D(1974), Topics in English Morphology, Ph D. dissertation, MIT.

Spencer, A.(1991), Morphological Theory: an Introduction to Morphology in Generative Grammar, Oxford: Blackwell.

Spencer, A./Zwicky, A. M. (eds) (1998), The Handbook of Morphology, Blackwell Publishers.

Sproat, R. & C. shih(1988), Prenominal adjectival ordering in English and Mandarin, NELS 18. 465-489.

Sproat, R.(1985), On Deriving the Lexicon, Ph.D. dissertation, MIT.

Sproat, R.(1986), The Projection Principle and the Syntax of Synthetic, Compounds, NELS 16.

Uriagereka, J.(1993), Specificity and the name constraint, University of Maryland working papers in linguistics 1, 121–143.

Uriagereka, J.(1995), Warps: Some thoughts on categorization, University of Maryland working papers in linguistics 3, 256–308.

Uriagereka, J.(1998), Rhyme and Reason, Cambridge, Mass.: MIT Press.

Wierzbicka, A.(1988), The Semantics of Grammar, John Benjamins Publishing Company.

Williams, E.(1981), On the notions 'lexically related' and 'head of a word'. LI 12, 245–274.

 찾아보기

저자소개 ■ ■ ■

김인균(金寅均)

1968년 대전 출생
서강대학교 국어국문학과 졸업
동 대학원 국어국문학과 졸업(문학석사, 문학박사)
국립국어연구원 사전편찬실 편수원, 학진기초학문지원사업단 전임 연구원 역임
강원대, 이화여대, 숭실대 강사 역임
현재 인하대학교 한국학연구소 전임 연구원 및 서강대, 청주교대, 한라대 강사

[주요 논저]
"국어의 한자어 접두사 연구"
"사이시옷 교육론"
"한국어 교육에서의 파생어휘 교육"
"외국인을 위한 한국어 문법 2-용법 편-"(공저) 외 다수

국어의 명사 문법 Ⅰ ■ ■ ■

인 쇄 2005년 10월 25일
발 행 2005년 10월 30일

저 자 김 인 균
펴낸이 이 대 현
편 집 박 윤 정
펴낸곳 도서출판 역락
　　　　서울 성동구 성수 2가 3동 301-80 (주)지시코 별관 3층
　　　　전 화 : 3409-2058, 3409-2060 FAX : 3409-2059
　　　　홈페이지 : http://www.youkrack.com
　　　　이메일 : youkrack@hanmail.net
　　　　등 록 1999년 4월 19일 제303-2002-000014호

정 가 10,000원
ISBN 89-5556-427-9-93710

■ 잘못된 책은 교환해 드립니다.